KB033114

차이나 이노베이션

모방에서 주도로, 중국발 혁신 세계를 앞지르다

차이나 이노베이션

윤재웅 지음

서문

세계를 리드하는 중국의 혁신 굴기

오래된 통념이 깨지고 있다. 지금껏 중국은 글로벌 기업의 제품이나 서비스를 그대로 모방하는 카피캣copycat의 이미지가 강했다. 혁신적인 제품과 서비스를 만들어 시장을 주도하기보다는 대량생산 능력의 강점을 십분 활용하는 패스트 팔로워Fast Follower (빠른 추격자)로서 강한 면모를 갖고 있었다. 다시 말해 중국 기업들은 글로벌 기업들이 이룩해놓은 혁신의 문법을 능숙하게 따라가는 쪽이었다.

하지만 이제는 미국 ICT(정보통신기술) 기업이 중국의 기술을 모방하고 있다는 외신이 심심치 않게 들려올 만큼 중국 ICT 기업이 글로벌 혁신을 주도하는 사례가 늘어나고 있다. 미국 ICT 혁신의 상징이라 할 수 있는 애플은 최근 새로운 운영체제 'iOS 11'에 대화하면서 송금하는 기능과 QR코드로 결제할 수 있는 기능을 추가했다.

이는 중국 최대 ICT 기업인 텐센트Tencent가 이미 2013년부터 모바일결제 서비스인 위챗페이WeChat Pay에 적용해온 기능이다. 또한 미국의 자전거공유 스타트업인 라임바이크LimeBike는 따로 자전거 정류장을 마련하지 않고 스마트폰 앱으로 잠금장치를 푸는 서비스를 출시했다. 이 역시 2015년에 설립된 중국의 자전거공유 업체인 오포ofo와 모바이크Mobike가 먼저 선보인 비즈니스 모델이다. 심지어 실리콘밸리 벤처투자자인 코니 챈Connie Chan은 "이제 미국의 테크기업들이 중국 기업들의 카피캣"이라고 평가하기도 했다. 그런데 앞에서 언급한 예들은 시작에 불과하다. 전자상거래, 모바일에서부터 가상현실, 인공지능AI, 드론, 지능형교통시스템ITS에 이르는 많은 분야에서 중국 기업들이 글로벌 시장을 선도하고 있다. 이뿐만 아니라 과학논문 인용, 특허, R&D(연구개발) 분야에서도 미국과 어깨를 견주는 수준까지 올라갔다.

  잠시 시계를 앞으로 돌려보자. 개혁개방 이후 중국은 값싼 노동력에 힘입어 세계의 공장으로 발돋움했다. 세계 시장은 의류나 신발에서부터 가전제품에 이르기까지 '메이드 인 차이나' 제품으로 넘쳐났다. 하지만 이 같이 외형적으로 중국의 제조업이 급성장했음에도 불구하고 질적인 개선은 더뎠다. 중국 기업들이 지적재산권을 보호하기는커녕 해외 기업의 브랜드와 디자인 등을 거리낌 없이 베끼면서 중국은 '짝퉁의 본산'이라는 불명예를 얻게 되었다. 2015년에 조 바이든Joe Biden 전 미국 부통령이 "중국에서 나온 혁신적인 프로젝트, 혁신적인 변화, 혁신적인 제품 하나만이라도 이름을 대보라"

고 말한 것은 이 같은 현실을 꼬집은 것이다. HP의 CEO였던 칼리 피오리나Carly Fiorina 역시 "중국인들은 혁신적이지도 않고, 기업가 정신이 투철하지도 않다. 이 때문에 미국의 지적재산을 훔치고 있다"고 비판했다.

하지만 최근 몇 년 사이 상황이 빠르게 바뀌고 있다. 중국 정부는 기존의 투자-수출 중심의 성장 전략이 한계에 부딪히자 경제의 외적 성장보다는 혁신을 통한 질적 업그레이드에 적극 나서고 있다. 중국의 R&D 인력 규모는 8년 연속 세계 1위를 유지하고 있고, 세계 2위인 R&D 투자 규모도 매년 가파른 상승세를 보이며 미국과의 격차를 좁히고 있다. 중국의 발전 과정에서 중국 기업들이 창의적인 고부가가치 제품을 주도한 적이 드물었지만, 최근 몇 년 사이 중국 기업들이 선진 기술을 빠르게 습득하고 시장 트렌드에 민감하게 반응하는 것은 이 같은 노력의 결과물이다. 뿐만 아니라 ICT나 신재생에너지 등 신성장동력 부문에서 중국 기업이 글로벌 시장을 선도하는 경우도 늘어나고 있다.

단적으로 중국을 대표하는 기업은 더 이상 공상은행, 시노펙과 같은 국영기업이 아니다. 글로벌 시장에서 일취월장하고 있는 대형 ICT 기업들이야말로 현재 중국의 경쟁력을 대표하는 아이콘이다. 세계 최대 통신장비 업체이자 국제특허 출원 세계 1위 업체인 화웨이Huawei, 9억 명이 넘는 위챗Wechat 이용자를 보유한 세계 최대 온라인게임 업체인 텐센트, 중국 최대 전자상거래 업체이자 글로벌 물류 혁신을 주도하고 있는 알리바바Alibaba 등이 대표적이다. 글로벌 민간 드론 시장의 70%를 점유하고 있는 DJI^{大疆}, 테슬라^{Tesla}를 제치고 세계 전기차 판매량 1위에 오른 BYD^{比亞迪}(비야디) 등도 빼놓을 수 없다.

2017년 1월 미국 라스베이거스에서 열린 세계 최대의 전자쇼 'CES 2017'에서 중국의 굴기는 단연 돋보였다. 3,800여 개의 참가 업체 중 3분의 1이 중국 기업이었을 뿐만 아니라, 이들이 인공지능, 사물인터넷^{IoT}, 자율주행차, 드론 등 4차 산업혁명을 이끄는 첨단기술 분야에서 글로벌 기업들과 어깨를 나란히 하는 등 양적으로나 질적으로 막강한 위용을 뽐냈다. 이뿐만이 아니다. 중국 최대 포털 업체인 바이두^{Baidu}는 2016년 〈MIT 테크놀로지 리뷰〉가 선정한 '세계 50대 스마트 기업 순위'에서 아마존^{Amazon}에 이어 2위를 차지했다. 음성인식과 대화형 인터페이스 부문에서 탁월한 성과를 냈기 때문이다. 핀테크 부문에서도 글로벌 리더의 위상을 차지하고 있다. 글로벌 컨설팅기업인 KPMG가 선정한 '세계 100대 혁신 핀테크 기업'에서 알리바바의 금융 계열사인 앤트파이낸셜^{Ant Financial}이 1위를 차지했으며 상위 10위권 중 5개가 중국 기업이었다. 금융 후진국이라는 조롱은 이제 옛말이다.

이처럼 중국발 혁신의 파고는 국경을 넘어 세계를 변화시키고 있다. 중국 기업들은 모방에서 이끌어낸 창의성을 바탕으로 국내 시장을 석권한 뒤 해외 시장으로 영향력을 확대하고 있다. 페이스북이 전자결제 서비스와 차량 호출 서비스를 추가하고 스냅챗이 QR코드를 채택한 것, 그리고 페이스북과 트위터가 비디오 스트리밍을 시작하게 된 것은 중국의 위챗(텐센트), 알리페이Alipay(알리바바), YY닷컴 등 이미 성공한 사례가 있기 때문이다. O2Oonline to offline(온라인과 오프라인을 연계한 서비스)와 P2Ppeer to peer(개인 간 거래) 대출 부문 역시 중국이 글로벌 선두주자다. 지금껏 선진국 기술을 베끼기에 급급했던 중국 기업들이 이제는 선진 기업들의 혁신을 자극하는 촉매제로 작용하고 있다. 미국 〈뉴욕타임스〉는 "모바일 분야에서 새로운 흐름을 선도하고 있는 것은 실리콘밸리가 아니라 중국이다"[*]라고 평가했다.

중국의 혁신에 주목해야 하는 또 다른 중요한 이유는 중국 정부가 의도하는 큰 그림의 주춧돌 역할을 하고 있기 때문이다. 잘 알려진 것처럼 현재 중국 정부는 성장 모멘텀을 이어가면서 지속 가능한 경제구조를 구축하는 데 사활을 걸고 있다. 지금까지 중국은 과잉투자와 저부가가치 제품 수출 중심으로 성장해왔지만, 갈수록 투자 효율이 떨어지고 노동인구도 줄어들면서 이 전략이 한계에 봉착했기 때문이다. 이러한 상황에서 고부가가치 산업구조로 이행하기 위한 혁신은 선택이 아닌 필수다. 실제로 혁신 기술과 새로운 비즈니스 모델로 무장한 알리바바와 텐센트는 중국의 경제성장률을 떠받치면서 일자리를 창출하는 데에도 큰 기여를 하고 있다.

문제는 한국 역시 이 같은 흐름으로부터 자유로울 수 없다는

---

[*]　"China, Not Silicon Valley, Is Cutting Edge in Mobile Tech", The New York Times, 2016.08.02.

점이다. 사실 한국이야말로 중국의 혁신에 가장 큰 영향을 받고 있는 국가다. 중국의 기술 수준이 우리의 턱밑까지 쫓아왔다고 걱정하는 것은 세상 물정 모르는 한가한 소리다. 국내 주력 산업은 2000년대 초반부터 철강, 석유화학, 자동차, 조선, 스마트폰 순서대로 중국에 추월당했다. 그나마 한국이 우위를 지키고 있는 분야는 반도체와 디스플레이 정도다. 전기자동차, 태양광, 드론 등 미래 먹거리 산업에서는 중국이 이미 한국을 앞질렀다. 대표적인 예로 싸이월드와 카카오톡을 벤치마킹하고 한국의 게임을 수입하던 텐센트는 모바일 혁신에 성공하며 아시아 1위를 넘어 세계 모바일 혁신을 주도하는 글로벌 기업으로 부상했다. 이뿐만 아니라 중국의 기술 혁신이 가속화하면서 중국의 수출이 늘어나면 한국의 수출도 덩달아 늘어나는 선순환 구조도 깨지고 있다. 중국은 기술 혁신을 바탕으로 부품소재 산업을 육성해 중간재 수입을 자국산 제품으로 대체하는 '차이나 인사이드China Inside' 정책을 펼치고 있으며, 이는 중간재 비중이 높은 한국의 대중對中 수출에 상당한 타격을 입히고 있다. 중국의 제조업 굴기가 가시적인 성과를 거두면서 IT·자동차·기계·철강 등 국내 제조업 전반이 중국의 위협에 노출되고 있는 것이다. 다시 말해 한국 경제를 가장 크게 위협하는 중국의 변화는 저성장이 아닌 기술 혁신이다.

중국과 양적인 경쟁을 통해 이길 승산이 없는 상황에서 남은 선택지는 별로 없다. 중국에 비해 한정된 자원을 가진 우리나라에게 시급한 과제는 기술적 우위를 점할 수 있는 전략 산업을 선정해 혁신 역량을 집중하는 것이다. 중국 기업에게 한 수 가르쳐주겠다는 오만한 자세를 버리고 중국이 앞서가는 분야에서 기꺼이 배우려는 자세를 가져야 한다. 글로벌 가치사슬이 새롭게 재구성되고 있는 상황에서 중국과 무턱대고 제로섬 게임을 펼치기보다는 상생할 수 있는 분업 관계를 재정립해야 한다는 뜻이다. 그러기 위해선 중국의 기술 혁신과 산업 고도화가 어떻게 이루어지고 있는지를 파악하는 것이 필수다. 우리나라 기업이 글로벌 시장에서는 물론 국내 시장에서도 중국의 혁신적인 제품과 서비스를 마주칠 날이 머지않았다.

이 책은 많은 분들의 도움으로 쓰였다. 미래의창 편집팀은 책 내용에서부터 세밀한 편집에 이르기까지 유익한 조언을 주었다. 이 책을 쓰는 과정에서 아낌없는 성원을 보내주신 선대인 소장님께도 감사드린다. 그리고 늘 곁에서 사랑을 베풀어주는 최고의 파트너 아내 최수진과 아빠를 제일 좋아하는 아들 의찬이, 사랑스러운 딸 하나에게 고마운 마음을 전한다.

2018년 1월
윤재웅

목차

1부

•

중국의 혁신, 무엇이 다른가?

2부

·

중국의 혁신, 세계를 리드하다

3부

·

한국의 과제

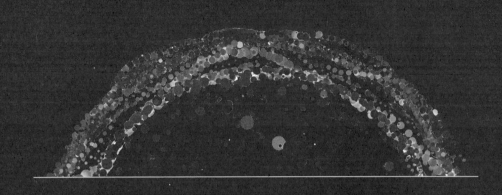

1부

●

중국의 혁신, 무엇이 다른가?

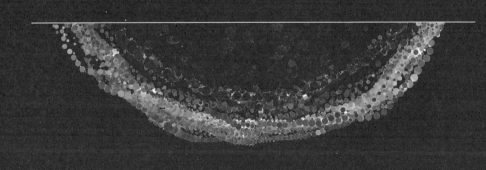

01

뉴노멀 시대의
새로운 성장 패러다임

중국은 개혁개방 이후 연평균 9%가 넘는 높은 성장률을 기록하며 전 세계의 찬사를 받았다. 중국 경제가 고성장을 지속하면서도 사회주의 계획경제 체제에서 탈피하고 낙후된 농업사회에서 개방된 산업사회로 이행하는 데 성공했기 때문이다. 자본주의 역사상 중국과 같이 거대한 국가가 이렇게 짧은 기간에 체제 변화와 산업구조 고도화를 동시에 이뤄낸 경우는 없었다. 그 결과 중국은 2009년에는 독일을 제치고 세계 최대 수출국이 되었으며, 2010년에는 일본을 제치고 세계 2위의 경제 대국으로 올라섰다. 2017년 〈포춘Fortune〉이 선정한 글로벌 500대 기업 중 115개가 중국 기업이었다. 미국의 132개 다음으로 많은 숫자였다. 2000년에 글로벌 500대 기업에 포함된 중국 기업이 10개에 불과했던 점을 감안하면 상전벽해다.

2017년 〈포춘〉 선정 세계 500대 기업 중 중국 20대 기업

순위	기업	매출(억 달러)
1	국가전력망国家电网公司, StateGrid	3,152
2	시노펙中国石化, Sinopec	2,675
3	페트로차이나PetroChina, 中国石油(CNPC)	2,625
4	중국공상은행中国工商银行, Industrial & Commercial Bank of China	1,476
5	중국건축공정총공사中国建筑工程总公司, China State Construction Engineering	1,445
6	홍하이정밀鴻海精密集団, Hon Hai Precision	1,351
7	중국건설은행中国建设银行, China Construction Bank	1,350
8	중국농업은행中国农业银行, Agricultural Bank of China	1,172
9	중국핑안보험中国平安, Ping An Insurance	1,165
10	상하이자동차上海汽车, SAIC Motor	1,138
11	중국은행中国银行, Bank of China	1,137
12	차이나모바일中国移动, China Mobile	1,071
13	중국인수보험中國人壽保險, China Life Insurance	1,048
14	중국철로공정총공사中国铁路工程总公司, China Railway Engineering Corporation	969
15	중국철도건축총공사中国铁道建筑总公司, China Railway Construction Corporation	948
16	둥펑자동차东风汽车, Dongfeng Motor	861
17	화웨이华为, Huawei	785
18	화룬그룹华润, China Resources	757
19	타이핑양건설太平洋建设, Pacific Construction	746
20	중국남방전력망中国南方电网, China Southern Power Grid	712

출처: 〈포춘〉

차이나 이노베이션

중국 인민들의 삶도 극적으로 개선되었다. 1978년 385위안(약 6만 5,000원)에 불과하던 중국의 1인당 GDP는 2015년에 5만 251위안(약 850만 원)을 기록했다. 물가 상승을 고려하더라도 21배 증가한 수치다. 베이징, 상하이 등 **1선 도시**의 소득은 이미 선진국 수준에 도달했고, 개혁개방 이후 중국에서 7억 명이 넘는 인구가 절대빈곤층(하루 소득 1.25달러 미만)에서 벗어났다. 이에 따라 전 세계 절대빈곤층의 70%가 감소했다. 최빈국이었던 중국이 세계 빈곤 퇴치의 일등공신이 된 것이다.

중국 경제성장의 과실은 중국에만 국한되지 않았다. 글로벌 기업들은 중국의 값싼 노동력과 거대한 시장을 향유하기 위해 중국에 경쟁적으로 진출했고, 이들이 창출한 부가가치는 중국뿐 아니라 세계경제 발전에 크게 기여했다. 이른바 '메이드 인 차이나' 제품은 전 세계로 날개 돋친 듯 팔려나갔고 그 덕에 세계 경제는 상당 기간 '골디락스Goldilocks(경제가 적절하게 성장하면서도 물가가 안정된 이상적인 상황)'를 누릴 수 있었다. 또한 중국을 주축으로 한 신흥국들의 경제성장으로 자원 수요가 급증하면서 원자재 가격이 지속적으로 상승하는 '원자재 슈퍼 사이클'이 나타났고, 이에 따라 호주, 브라질 등 자원 부국들은 전례 없는 번영을 누릴 수 있었다. 미국발 글로벌 금융위기로 세계 경제가 극심한 침체에 빠져 있는 상황에서 대규모 경기부양책을 통해 회복의 발판을 마련한 것도 다름 아

1선 도시

중국에서는 각 도시가 가진 경제력이나 인구 규모 등을 기준으로 1선, 2선, 3선, 4선 도시로 분류하고 있다. 명확한 법적 기준은 없지만 일반적으로 인구가 1,000만 명 이상이며, 경제가 발달되어 있고 소비수준이 높은 지역을 1선 도시라고 한다. 베이징, 상하이, 광저우, 선전이 대표적이다.

닌 중국이었다. 중국은 세계 경제가 글로벌 금융위기의 충격으로 저성장·저금리의 뉴노멀New Normal 시대에 접어든 상황에서도 높은 경제성장률을 유지하면서 세계 경제의 구원투수 역할을 톡톡히 했다.

문제는 이제부터다. 중국 경제 곳곳에서 심상치 않은 징후들이 포착되고 있기 때문이다. 지금껏 거대한 중국을 이끌어왔던 성장 전략이 한계에 부딪히면서 체제 안정을 위협할 만큼 심각한 부작용들이 나타나고 있다. 값싼 노동력에 의존했던 제조업은 임금 상승과 글로벌 경기 부진으로 난관에 봉착했다. 국영기업들이 낮은 금리로 자금을 조달해 흥청망청 투자하던 방식은 시간이 갈수록 성장률을 끌어올리는 데 큰 효과를 내지 못하고 있으며, 오히려 부동산 버블과 과잉투자라는 부작용을 키워 중국 경제의 대표적인 불안 요인으로 꼽히고 있다. 단기간에 압축적인 경제성장을 이뤄내는 과정에서 사회주의 체제라는 이름이 무색할 정도로 빈부 격차가 커졌고, 극심한 대기오염과 수질오염은 건강한 성인의 일상생활을 위협할 정도로 심각한 사회문제가 되었다.

대표적인 신호가 성장률 하락이다. 중국의 GDP 성장률은 2010년에 기록한 10.4%를 정점으로 지속적으로 하락했다. 2012년에는 중국 정부가 마지노선으로 여겨왔던 '바오빠保八(8%대 성장률 사수)' 정책을 폐기했고, 이후에도 성장률이 계속 하락하면서 이제는 6%대 성장률이 새로운 표준, 즉 **신창타이**로 자리 잡았다. 과거와 같은 두 자릿수 성장은 더 이상 도달할 수 없고, 추구해서도 안 되는 목표가 되었다. 2016년 5월에 〈인민일보〉는 공산당 최고 지도부를

중국의 기존 성장 전략이 한계에 부딪히면서 부작용
들도 나타나고 있다. 값싼 노동력에 의존했던 제조업
은 임금 상승과 글로벌 경기 부진으로 난관에 봉착했
으며, 국영기업들이 낮은 금리로 자금을 조달해 투자
하던 방식은 부동산 버블과 과잉투자를 키웠다. 또한
빈부 격차와 극심한 대기오염, 수질오염 역시 심각한
사회문제가 되었다.

신창타이新常態

미국의 '뉴노멀New Normal'을 한자로 직역한 말이지만 그것이 내포하는 의미는 상당히 다르다. 미국에서 뉴노멀은 2008년 금융위기 이후 저성장·저물가·저금리의 구조적인 장기 침체에 빠진 경제 상황을 지칭하는 용어다. 이에 반해 중국에서 신창타이는 양적인 성장률에 집착하지 않고 구조 개혁을 통해 지속 가능한 성장 방식으로 전환하겠다는 의미로 사용된다.

총요소생산성

TFP: total factor productivity

총요소생산성은 GDP 성장에서 노동과 자본 등 생산 요소 증가분을 뺀 나머지 경제성장 요인의 기여도를 총합한 것을 뜻한다. 이에 총요소생산성은 잠재성장률을 좌우하는 핵심적인 변수로 작용하며 미래 경제 및 소득 성장의 기초가 된다.

뜻하는 권위인사權威人士를 내세워 중국 경제가 향후 상당 기간 L자형 저성장 추세를 보일 것이라고 못 박았다. 이는 단순히 양적인 성장률에 관한 전망이 아니었다. 중국 경제가 전체적으로 구조적인 문제에 직면해 있음을 드러낸 것이었다. 원자바오溫家寶 전 총리가 지적한 바 있는 중국의 4불四不 문제, 즉 '중국 경제가 크게 발전한 것 같지만 그 성과는 불안정不穩定, 불균형不平衡, 부조화不協調하며 지속되지 않는다不可持續'는 문제가 본격화한 것이다.

그렇다면 중국의 성장률이 떨어지는 이유는 무엇 때문일까? 노벨 경제학상 수상자인 로버트 솔로Robert Solow에 따르면 노동, 자본과 같은 투입 요소와 기술 혁신이 경제성장을 결정한다. 특히 경제발전 초기에는 노동력이나 자본과 같은 생산 요소를 많이 투입할수록 경제가 빠르게 성장할 수 있지만, 이러한 양적 성장은 노동력 증가가 정체되고 자본의 한계생산성이 떨어지면 힘을 잃게 된다. 그리고 이때 필요한 것이 기술 혁신을 통해 **총요소생산성**을 높이는 것이다. 이렇게 되면 사회적 자원이 더 효율적으로 조합되고 자본의 한계생산성도 높아져서 경제는 성장을 지속할 수 있게 된다.

사실 중국의 초기 성장 모델은 솔로의 이론에 충실했다. 경제

발전으로 인구가 급증하는 가운데 도시화가 이루어지며 수억 명의 농민들이 도시의 산업 일꾼으로 변신했다. 중국이 저렴한 노동력을 무기로 세계의 공장으로 부상할 수 있었던 원동력이다. 이와 함께 투자도 활발하게 이루어졌다. 사실 중국의 경제성장은 중독에 가까울 만큼 투자에 의존해왔다. 국영기업들은 국가의 진두지휘 아래 인프라, 부동산 등에 공격적으로 투자했다. 생산 능력 과잉과 부채 급증은 필연적인 결과였다. 여기에 2008년 글로벌 금융위기는 중국 경제의 투자 의존성을 더욱 극적으로 보여준 계기가 되었다. 중국 정부가 4조 위안(약 680조 원)에 이르는 대규모 경기부양책을 동원해 인프라 건설 등 투자 관련 사업에 돈을 쏟아부은 것이다. GDP 대비 비율로 따지면 미국이 2009년 '미국 경기 회복 및 재투자 법안American Recovery and Reinvestment Act'을 통해 실시한 경기부양책의 두 배 규모다. 더욱이 중국의 경기부양책에서 재정 정책보다 은행을 통한 막대한 신용 공급이 더욱 중요한 역할을 했다. 실제로 2008년부터 2012년까지 불과 5년 만에 37조 위안에 이르는 금융기관 위안화 대출이 신규로 늘어났다. 중국이 건국된 1949년부터 금융위기 직전인 2007년까지 중국 금융기관 위안화 대출 잔액이 26조 위안이었음을 감안하면 엄청난 규모의 액수다. 그야말로 천문학적인 신용 공급을 통해 벼랑 끝에 선 경제를 일으켜 세운 것이다. 그러나 이 같은 부양책은 이후 중국 경제에 심각한 후유증을 남기게 된다.

이렇게 볼 때 중국의 성장률이 추세적으로 떨어지는 이유는 명백하다. 지금껏 고속 성장을 가능케 했던 노동과 자본의 양적인

증가가 한계에 이르렀기 때문이다. 급속한 고령화로 생산가능인구
(15~64세)가 더 이상 늘어나지 않고 만성적인 공급 과잉으로 투자 증
가세가 급격히 둔화되는 등 중국 경제가 구조적인 장벽에 가로막힌
것이다. 이제 중국은 풍부한 노동력 공급으로 경제가 성장하는 인구
보너스Bonus 시대가 끝나고 생산가능인구가 줄면서 경제성장이 지
체되는 인구 오너스Onus 시대로 접어들었다. 중국의 생산가능인구
는 2013년의 10억 557만 명을 정점으로 감소세로 전환했고 2015년
에는 10억 361만 명으로 줄어들었다. 중국의 인구 정책을 관할하는
위생계획생육위원회는 2050년이 되면 중국의 생산가능인구가 8억
2,700만 명으로 감소할 것이라고 전망했다. 더욱이 국민소득이 일정
한 수준으로 오른 시점에서 고령화 문제에 직면한 선진국들과 대조
적으로 중국은 1인당 국민소득이 3,000달
러도 안 되는 상황에서 고령화 사회(65세
이상의 인구가 총인구를 차지하는 비율이 7% 이
상인 사회)에 진입했다. 1인당 국민소득이
1만 6,500달러가 된 후에야 고령화 사회에
진입한 일본과 비교하면 중국의 고령화 속
도가 얼마나 빠른 것인지 알 수 있다.

중국이 **루이스 전환점**을 지난 것도
큰 부담이다. 루이스 전환점은 도시 노동
력의 공급원이던 농촌의 잉여노동력이 고
갈되면서 임금이 급등하는 현상을 뜻한다.

루이스 전환점
Lewisian turning point

노벨경제학상 수상자인 아서 루이스 Arthur Lewis 교수가 제기한 개념으로 개발도상국에서 더 이상 농촌의 값싼 노동력을 구하기 어려워져 임금이 오르기 시작하면 경제 전반의 성장세가 둔화되는 현상을 뜻한다. 경제발전 초기에는 농촌에 유휴 인력이 많다 보니 도시에서 노동 수요가 늘어나도 임금이 낮은 상태로 유지되어 투자를 늘릴수록 더 많은 이윤이 창출된다. 하지만 농촌의 노동력이 고갈되는 시점에 이르면 도시의 노동 비용이 빠르게 상승하고 이는 기업의 이윤 감소와 물가 상승 등으로 이어져 경제성장이 둔화된다.

임금 급등 및 노동비용 상승은 제조업 경쟁력 하락으로 이어지고 이는 기업의 이윤을 압박해 경제성장 둔화로 이어진다. 실제로 중국의 노동자 임금은 2010년 이후 가파르게 상승하고 있다. 중국 제조업의 시간당 평균 임금은 2005년 1.2달러에 불과했으나 2016년에는 3.6달러로 3배 가량 급등했다. 물론 여기에는 중국 정부가 내수부양을 위해 임금 상승을 유도한 측면도 있지만, 노동력 공급이 축소된 것 역시 중요한 요인으로 작용했다. 이에 따라 중국의 임금 수준은 이미 브라질, 콜롬비아, 태국, 필리핀 등을 넘어섰고, 남유럽 국가의 70%에 육박할 만큼 상승했다. 최근 몇 년간 상당수 글로벌 기업들이 생산기지를 중국에서 베트남, 인도네시아 등 '넥스트 차이나'로 옮기는 한편, 중국 기업들이 로봇 도입에 발벗고 나서는 배경이다.

고갈되는 노동력과 함께 급격히 위축되는 투자 역시 경제성장을 억누르고 있다. 앞서 언급했듯이 글로벌 금융위기에 직면한 중국 정부는 경기 부양을 위해 고정 투자를 급격히 늘렸고 이에 GDP 대비 투자 비중은 50%까지 상승했다. 국내총생산의 절반가량을 인프라와 부동산 투자에 쏟아부은 것이다. 이는 한국, 일본 등 유사한 발전 패턴을 경험한 국가들의 투자 전성기 때보다도 10%p가량 높은 수준이다. 하지만 이는 결코 지속 가능한 모델이 아니다. 빚을 끌어다 투자를 한 탓에 부채는 기하급수적으로 늘었고 생산 능력 과다로 가동률과 이익은 곤두박질쳤기 때문이다. 2009년에 30%에 육박하던 고정자산투자 증가율은 공급 과잉 압력 증가와 투자 효율 하락으로 2015년에는 한 자릿수로 떨어졌다. 대마불사大馬不死(큰 기업은 망하지 않는다)를 믿고 몸집을 불려온 부실 기업들이 도산하기 시작했고 정부도 철강과 석탄 등 공급 과잉 업종에 대한 강력한 구조조정을 단행했다. 이런 상황에서 자본생산성이 떨어지는 것은 당연한 순리다. 자본 효율을 나타내는 한계자본계수ICOR는 2007년 3.5에서 2015년 5.9로 상승했다. 이는 GDP를 한 단위 증가시키는 데 필요한 자본이 과거에 비해 70% 가까이 늘어났다는 것을 뜻한다. 투자에 의존한 성장이 효율적이지 않을 뿐만 아니라 자원 배분을 크게 왜곡시킨다는 것을 잘 보여주는 증거다.

뉴노멀 시대를 맞이한 중국

지금 중국은 뉴노멀 시대를 맞이해 중대한 변곡점에 서 있다. 앞서 살펴본 것처럼 중국은 기존의 성장 전략이 한계를 드러내면서 생산성 향상과 기술 혁신을 새로운 성장동력으로 주목하고 있다. 노동력과 투자 효율의 감소를 생산성 증가와 혁신으로 상쇄해야 하는 절박함 때문이다. 대부분의 중진국은 이 길을 거쳐 선진국 반열에 올랐다. 중국도 예외일 수 없다. 경영학 석학인 마이클 포터Michael Porter 역시 《국가 경쟁 우위The Competitive Advantage of Nations》라는 책에서 "21세기 국가의 경제적 번영은 물려받는 유산이 아니라 창조되는 것이며, 글로벌 시장에서 국가의 경쟁우위는 지속적인 창조적 혁신 능력에 달려 있다"고 지적했다. 중국 역시 노동력과 자본에 기댄 '요소 투입형

성장'에서 기술 혁신을 통한 '생산성 주도형 성장'으로 전환해야 한다는 뜻이다. 이는 중국이 경착륙에 대한 우려를 불식시키고 **중진국 함정**에 빠지지 않기 위한 유일한 길이기도 하다.

중국 정부는 이러한 혁신의 필요성을 누구보다 절감하고 있다. 여기서 혁신은 단순히 기술 진보만을 의미하는 것이 아니라 비즈니스 모델의 혁신, 노동생산성

중진국 함정 Middle-income trap

중진국 함정은 개발도상국이 경제 발전 초기 단계에는 빠른 성장세를 보이다가, 1인당 소득이 통상 4,000~1만 달러인 중진국 수준에 이르면 성장이 장기간 정체되는 현상을 의미한다. 중진국 함정에 빠진 국가는 고비용·저효율 경제구조, 지역·계층 간 소득 격차, 신성장동력 확보 실패 등의 공통점을 갖고 있으며 1960년대 이후 브라질, 아르헨티나 등 중남미 국가와 포르투갈, 그리스 등 남유럽 국가가 대표적인 사례다.

증가, 제도 개선 등을 포괄한다. 중국 정부는 지속 가능한 성장을 위해 반드시 혁신 역량을 키워야 하며 보다 많은 경제활동이 고부가가치 제품과 서비스 생산에 투입되어야 한다는 점을 명확히 인식하고 있다. 중국 정부가 제조업 강국으로 도약하기 위해 '중국제조 2025中國製造 2025' 계획을 내놓고 인터넷과 전통 산업을 결합해 새로운 산업 생태계를 구축하고자 '인터넷 플러스互聯網+' 정책을 추진하는 이유다.

노동과 투자 위주로 성장하던 기존의 관성에서 탈피하려면 과감한 개혁은 선택이 아닌 필수다. 중국이 성장 궤도를 이탈하지 않고 산업구조를 업드레이드하기 위해서는 기술 혁신을 통해 총요소 생산성을 높여야 하기 때문이다. 무엇보다 중요한 점은 기술 혁신을 주도할 세력이 국영기업이 아니라 민영기업이라는 것이다. 개혁개방 초기인 1970년대만 하더라도 존재감이 미미했던 민영기업은 이

제 중국 GDP의 60%를 차지할 만큼 몸집이 커졌고 세수의 50%, 일자리의 80%를 차지할 만큼 중국 경제에 있어 중요한 역할을 맡고 있다. 특히 선두권에 위치한 민영기업들은 기업가 정신으로 무장하고 국내 시장뿐 아니라 글로벌 시장에 끊임없이 도전하며 눈부신 성과를 거두고 있다. 반면 국가의 보호 아래 지난 수십 년간 중국 경제의 주인공 행세를 해온 국영기업은 부실과 비효율의 대명사로 전락했다. 국영기업들은 문어발식 사업 확장을 일삼았고, 방만한 경영으로 자기자본이익률ROE이 민영기업의 절반 수준에도 미치지 못할 만큼 수익성이 악화됐다. 더욱이 국영기업은 낮은 금리로 조달한 자금으로 과잉투자를 지속해왔기 때문에 자원 배분 왜곡뿐만 아니라 중국 경제의 시스템 리스크를 키우는 요인으로 작용하고 있다. 그럼에도 불구하고 국영기업들은 여전히 금융, 통신, 에너지, 철강 등 핵심 분야에서 막강한 영향력을 행사하고 있다. 이에 중국 정부는 2015년부터 국영기업 개혁에 본격적으로 나서고 있다. 방만하고 비효율적인 국영기업을 효율적이고 경쟁력 있는 기업으로 탈바꿈시켜 국가 경제발전에 이바지하게 만들기 위해서다. 이를 위해 중국 최대 변압기 생산업체인 바오딩톈웨이保定天威와 같은 한계 기업을 강제로 문닫게 하는 등 과거에는 상상하기 힘든 과감한 구조조정을 하고 있으며, 인수합병과 기업 지배구조 개선을 통해 수익성과 경쟁력을 높이는 작업을 병행하고 있다.

　국영기업을 개혁하는 것은 중국 정부만이 아니다. 최근 들어서는 시장의 힘을 대변하는 민영기업이 국영기업을 압박해 개혁시키는 사례가 늘어나고 있다. 사실 지금껏 국영기업은 독점적인 상품과 서비스를 일방적으로 판매하는 것에 익숙해 있었다. 시장은 국영기업에 유리하게 기울어진 운동장이었고, 공급자의 논리가 소비자의 수요를 압도했다. 하지만 이러한 상황은 민간 영역에서 디지털 플랫폼을 장악한 ICT 기업들이 급부상하면서 변하기 시작했다. 민영기업들은 시장의 변화에 재빨리 반응했고 소비자의 수요를 충족시키기 위한 혁신적인 솔루션들을 제공하며 빠르게 영향력을 키웠다. 국영기업의 구시대적인 제품과 서비스에 지쳐 있던 소비자들은 이러한 변화를 적극 수용했고, 이는 국영기업들에게 변화의 압력으로 작용하고 있다. 중국 정부 역시 민영기업이 주도하는 개혁에 힘을 실어주기 위해 지금껏 국영기업을 감싸왔던 보호막을 점차 거둬들이고 있다.

금융산업, 중국 경제 변화의 핵심 코드

이러한 변화가 일어나는 대표적인 영역이 금융산업이다. 지난 수십 년간 중국의 금융산업은 공상은행, 건설은행 등과 같은 국영은행이 독점해왔다. 그 연원은 중공업 중심의 발전 전략을 채택한 건국 초기로 거슬러 올라간다. 중국은 사회주의 공업화를 추진하면서 국가의 모든 노동력과 자본을 중공업과 기간산업 부문에 투자했다. 하지만 필요한 자본은 턱없이 부족했고 자본조달 비용은 매우 높았다. 이에 중국 정부는 **금융억압**을 통해 시장금리보다 훨씬 낮은 수준으로 금리를 묶어놓고 국영은행이 자금 배분을 독점하도록 했다. 국영은행은 정부가 보장해준 예대마진으로 대출을 늘릴수록 수익이 늘어났다. 과잉투자와 부동산 버블이 발생할 수밖에 없는 구조였다. 시장금리보다 훨씬 낮게 책정된 정책금리 탓에 금융시장에는 돈을 빌리려는 사람은 많지만 빌려주려는 사람은 적은 만성적인 초과수요 현상이 발생했다. 이런 상황에서 시중 자금의 흐름은 시장이 아니라 정부 정책이나 부패와 연루된 '꽌시关系'에 의해 결정되었다. 국영기업들은 저렴한 금리로 조달한 자금과 국가가 보장한 독점권을 활용해 엄청난 수익을 얻었고, 국영은행들도 국영기업에 쏟아부은 막대한 대출 자산에 힘입어 세계 최대 규모의 은행으로 성장했다.

반면 국영기업과 대조적으로 중소기업과 가계는 돈 가뭄에 시달렸다. 정부가 아무리 돈을 풀어도 이들에게 대출은 언감생심이었다. 경제 규모가 커지고 대출 수요가 급증하는 상황에서 중소기업과 가계는 비싼 이자를 내고서라도 돈을 마련해야 했고, 이는 사금융의 급격한 확대로 이어졌다. 이러한 자금 수급 미스매치는 현재 중국 경제의 아킬레스건으로 불리는 **그림자 금융**을 확대시킨 주된 원인이다.

금융억압financial repression

일반적으로 정부가 금융시장에 개입해 시장왜곡이 발생하는 것을 의미한다. 중국에서는 예금을 국내 금융 시스템에 묶어두고 금리 수준을 인위적으로 낮춰 국영기업들이 싼 금리에 자금을 빌릴 수 있도록 하는 금융구조 혹은 정책을 뜻한다.

그림자 금융shadow banking

은행 시스템 밖에서 이루어지는 신용 중개를 일컫는 말이다. 중국 은행들은 경기 둔화와 순이자마진 축소로 수익성이 악화되자 부외Off-Balance 여신을 확대해 증권사 등이 판매하는 자산관리상품WMP 및 신탁대출에 대한 투자를 늘려왔다. 하지만 이러한 부외여신은 부실채권NPL 통계에 반영되지 않을 뿐 아니라 만기 및 신용위험 등에 대한 관리 감독이 제대로 미치지 않는다. 뿐만 아니라 충당금이 제대로 설정되어 있지 않아 문제가 생길 경우 은행권의 자산건전성에 큰 위협 요인이 된다.

차이나 이노베이션

하지만 역설적으로 이처럼 불합리한 상황 속에서 중국의 금융 혁신이 탄생했다는 점에 주목할 필요가 있다. 중국 최대 전자상거래 업체인 알리바바가 출시한 위어바오余额宝(온라인 머니마켓펀드MMF)가 그 주인공이다. 알리바바 고객들은 물건을 사기 위해 필요한 결제 대금을 알리페이(온라인결제 플랫폼) 계좌에 보관하는데, 알리바바는 고객들이 알리페이의 여유자금을 위어바오에 이체하면 이를 자산운용사인 톈훙天弘이 운용해 은행 예금이자보다 훨씬 높은 투자수익을 주는 획기적인 금융상품을 개발했다. 국영은행이 주는 낮은 이자에 억눌려 있던 소비자들은 위어바오의 높은 수익률에 열광했고, 그 결과 2013년 6월에 출시된 위어바오는 출시 1년 만에 가입자 수 1억 명, 수탁고가 5,000억 위안을 넘어서는 성과를 기록했다. 기존의

위어바오 상품 개요

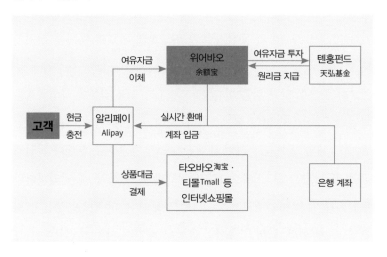

국영은행이 채워주지 못했던 금융 사각지대의 수요를 빨아들이며 급성장한 것이다. 알리바바의 위어바오가 빅히트를 치자 텐센트, 바이두 등 경쟁 ICT 업체들도 앞다퉈 유사한 온라인 금융상품을 내놓으며 금융 혁신의 판을 키웠다. 이에 더해 알리바바는 알리페이 결제 과정에서 발생하는 빅데이터를 활용해 상품 판매자들의 신용 리스크를 분석하고, 이를 토대로 금융 자회사인 앤트파이낸셜이 해당 기업에 소액대출을 제공해주는 사업을 하기 시작했다. 지금까지 국영은행에게 외면받아왔던 중소기업들이 이 같은 서비스에 폭발적인 관심을 보인 것은 지극히 자연스러운 현상이었다. 앤트파이낸셜이 KPMG가 선정한 글로벌 핀테크 1위 업체로 부상한 것도 이 때문이다. 이처럼 알리바바를 위시한 중국 ICT 업체들은 중국인들의 금융 행태는 물론 중국 금융 생태계의 패러다임을 송두리째 바꾸어놓았다. 중국에서 나타나고 있는 혁신의 대표적인 사례다.

이 같은 변화에 대해 국영은행들은 거세게 반발했다. 수십 년간 유지해온 자신들의 독점 구조가 위협받게 되었기 때문이다. 실제로 위어바오 출시 이후 국영은행의 요구불예금이 크게 감소했다. 무엇보다 주목할 만한 점은 이 같은 상황에서 중국 정부가 국영은행들의 손을 들어주지 않았다는 것이다. 오히려 금융기관의 전유물이었던 펀드 판매 권한을 온라인 플랫폼에도 부여해주고, 은행이 독점해왔던 지급결제 서비스에 제3자가 진입할 수 있도록 해 알리바바와 텐센트가 각각 마이뱅크Mybank, 위뱅크WeBank 등의 민영은행을 설립할 수 있게 했다. 특히 금융산업 규제와 관련해 사전 승인보다는 사

출처: 차이신망(財新網)

알리바바의 금융 자회사 '앤트파이낸셜'의 모바일 앱 화면. 알리바바를 위시한 중국 ICT 업체들은 중국 금융 생태계의 패러다임을 송두리째 바꿔놓았다.

후 보완에 방점을 두고 다양한 시장 참여자가 들어올 수 있도록 제도를 개선했다. 적절한 개입과 방조를 통해 금융산업의 변화에 힘을 실어준 것이다.

변화의 흐름에 저항하던 국영은행도 금융 혁신이 대세가 된 현실을 인정할 수밖에 없었다. 독점적인 시장 지위를 이용해 방만한 경영을 일삼던 국영은행들은 처음으로 강력한 경쟁자를 만나게 되었고, 생존을 위해 뼈를 깎는 노력을 해야 했다. 민첩한 ICT 기업들과 경쟁하기 위해 대대적인 인력 감축과 조직 개편에 나서면서, 2016년 한 해에만 4대 국영은행의 직원 수가 2만 명 가까이 감소했다. 또한 온라인 이체 수수료를 면제하는 한편, 전자상거래 시장에 진출해 자금결제, 금융거래, 자금조달 등의 기능이 통합된 온라인 플랫폼을 구축했다. 이에 따라 공상은행, 중국은행 등은 화웨이 등 ICT 업체들과 손잡고 모바일결제 시스템을 내놓았다. 중국의 신용카드 시장을 독점하고 있는 국영기업 유니온페이UnionPay는 핀테크 부문에서 열세에 있음을 인정하고 알리페이와 텐페이Tenpay를 따라잡기 위해 모바일결제에 쓰이는 QR코드를 표준화하기로 했다. 아직까지 예대마진이 대부분을 차지하는 국영은행의 수익 모델에 근본적인 변화가 나타나고 있다고 보기는 어렵지만, 국영은행들이 소비자로부터 외면받지 않기 위해 온라인 투자상품과 서비스를 강화하고 있다는 점은 분명하다. 알리바바의 혁신적인 시도가 중국 금융 시스템의 방향 전환에 결정적인 기여를 한 것이다. 2008년에 마윈馬雲 알리바바 회장은 "은행이 바뀌지 않는다면 우리가 은행을 바꾸겠다"고 말한 바 있다. 이 같은 다짐이 현실로 나타나고 있는 것이다.

혁신의 근원지, 서비스산업

중국 경제의 패러다임 전환을 좀 더 직접적으로 보여주는 영역을 꼽으라면 서비스산업을 들 수 있다. 중국 정부는 투자와 수출 중심의 경제성장 방식에서 내수 중심의 경제성장 방식으로 전환하기 위해 서비스산업을 적극 육성하고 있으며, 이 같은 노력은 이미 상당한 성과를 거두고 있다. 실제로 지난 몇 년간 중국의 서비스업은 제조업보다 더욱 빠르게 성장하면서 제조업보다 더 큰 부문이 되었다. 2010년에 44.3%였던 GDP 대비 서비스업의 비중은 2016년에는 51.6%로 늘어났다. 심지어 베이징, 상하이 등 1선 도시의 서비스업 비중은 이미 70%를 넘어서며 선진국 수준에 도달했다. 따라서 중국은 더 이상 제조 대국이 아니라 서비스 대국이라고 할 수 있다. 중국 정부는 나아가 2020년까지 서비스업 비중을 55%까지 끌어올릴 계획이다.

경제 패러다임이 달라지면 인구를 보는 관점도 바뀌어야 한다. 즉 14억 명에 이르는 중국 인구가 제조업 시대에는 풍부한 노동력labor force이었다면, 서비스업 시대에는 거대한 구매력purchasing power을 지닌 소비자로 변한다. 서비스업이 고용 부문에서 차지하는 비중도 빠르게 늘고 있다. 2010년에 2.6억 명이던 서비스업 취업자 수는 2015년에 3.3억 명으로 늘어나며 전체 취업자 수에서 차지하는 비중도 42.4%를 기록했다. 중국 GDP 성장률이 6%대로 떨어졌음에도 정부 목표치를 뛰어넘는 도시 신규 취업자 수를 기록한 것은 제조업보다 일자리 창출 능력이 월등히 높은 서비스업이 견고한 성장세를 보였기 때문이다.

물론 중국의 서비스업은 여전히 갈 길이 멀다. 최근 몇 년간 서비스업 비중이 높아졌다고는 하지만 여전히 다른 국가에 비해서는 낮은 수준이다. 일반적으로 선진국에서 서비스업은 GDP 대비 비중이 70%를 넘고 전체 고용에서 차지하는 비중도 80% 이상이다. 더욱이 중국 서비스업의 생산성은 OECD 평균의 15~30% 수준에 불과하다. 서비스업이 중국 경제의 핵심 축으로 떠오르고 있는 상황에

중국 경제의 패러다임이 제조업 중심에서 서비스업
중심으로 변해가고 있다. 이에 따라 중국의 인구를
보는 관점도 달라졌다. 14억 인구가 제조업 시대에는
풍부한 노동력이었다면, 서비스업 시대에는 거대한
구매력을 지닌 소비자로 바뀌고 있다.

서 서비스 부문의 생산성 향상은 경제 전반의 생산성과 직결된 매우 중요한 문제다.

중국의 서비스업 생산성이 이처럼 낮은 이유는 서비스업 내에 노동집약적 저부가가치 산업의 비중이 지나치게 높기 때문이다. 지난 몇 년간 서비스업이 빠르게 성장했지만 이 중 상당수는 도소매와 같이 생산성이 낮은 업종이었다. 2012년부터 2015년까지 중국에서 도소매, 운송물류, 부동산중개업 등 대표적인 저부가가치 서비스업에 취업한 **농민공** 수는 500만 명을 넘어섰다. 또한 많은 서비스 업종을 국영기업들이 과점하고 있다는 점도 서비스업 생산성 하락의 주요 원인으로 꼽힌다. 규제 장벽과 자본력을 앞세운 통신산업과 은행산업뿐 아니라 교육·문화·엔터테인먼트 산업도 국영기업의 영향력이 여전히 크다.

그렇다면 중국 서비스업의 생산성을 향상시킬 해법은 무엇일까. 이는 영세하고 분절화된 중국의 서비스업들을 어떻게 연결하고 융합할 것인가라는 문제로 바꾸어 말할 수 있다. 결론부터 말하면 중국 정부는 대형 ICT 기업들을 앞세워 O2O 산업을 활성화하는 것에서 돌파구를 찾고 있다. 중국은 O2O 부문에서 글로벌 선진국으로 꼽힐 만큼 시장 규모가 크고 기술 수준이 앞서 있다. 중국의 소비자들도 스마트폰으로 택시와 숙소를 예약하고 음식을 배달시켜 먹는 것이 이미 생활화되어 있다.

중국 O2O 산업의 강점은 단순히 온

농민공農民工
도시로 이주한 농민 출신 노동자를 지칭하는 말이다. 이들은 도시와 농촌을 엄격하게 구분한 중국의 호적제도 때문에 도시에 살더라도 임금, 주택, 의료, 교육 등에서 상당한 차별 대우를 받고 있다.

라인과 오프라인을 결합해 고객들에게 보다 편리하고 효율적인 서비스를 제공하는 것에 그치지 않는다. O2O는 제조업과 서비스업으로 구분되던 기존의 경계선을 허물면서 새로운 산업 생태계를 구축하고 있으며, 수요자와 공급자를 직접 연결함으로써 유통비용을 낮추고 효율성을 높이는 데 크게 기여하고 있다. 음식 배달, 콜택시, 세차 등 저부가가치 산업이 핀테크, 인공지능과 같은 최첨단 IT기술과 결합하면서 중국의 서비스업을 한 단계 업그레이드시키고 있다. 최근에는 단순히 오프라인과 온라인을 연결하는 것이 아니라 오프라인 전체를 완전히 '온라인화'하는 신소매新零售란 개념도 등장하고 있다. 더욱이 스마트폰의 확산과 온라인결제 시스템의 발전, 그리고 구매력을 갖춘 젊은 소비층의 등장이 맞물리면서 중국의 O2O 산업은 폭발적으로 성장하고 있다. 중국 정부 역시 내수시장 육성과 서비스 산업의 경쟁력 강화를 위해 O2O 산업을 적극 지원하고 있다. 알리바바, 바이두, 텐센트 등 대형 ICT 업체들도 O2O 산업에 막대한 투자를 이어가고 있다. 이들은 음식 배달, 교통 서비스에서부터 금융, 헬스케어, 엔터테인먼트에 이르기까지 오프라인에서 거래되는 거의 모든 상품과 서비스를 O2O 산업 생태계 속에 통합시키려는 작업에 박차를 가하고 있다.

더욱이 이것은 현재 중국에서 일어나고 있는 거대한 변화의 일부분에 불과하다. 무섭게 성장하는 중국의 혁신 생태계를 제대로 파악하기 위해서는 첨단 ICT 기술로 무장한 기업과 갈수록 스마트해지는 소비자, 그리고 이를 정책적으로 뒷받침하는 중국 정부의 상호작용을 보다 큰 그림에서 살펴볼 필요가 있다. 이제부터 중국 혁신의 현장을 본격적으로 알아보자.

02

'메이드 인 차이나'에서
'이노베이티드 차이나'로

21세기 중국의 화두는 혁신이다

20세기 중국의 화두가 개혁개방이라면 21세기 화두는 혁신이다. 1970년대 후반 중국은 계획경제의 모순과 폐해가 극심해지며 수많은 인민들이 빈곤에 허덕였고, 낙후된 산업시설은 개선될 기미를 보이지 않았다. 이에 개혁개방의 총설계자였던 덩샤오핑은 마오쩌둥의 정치적 자산을 이어받으면서도 경제 영역에서만큼은 자신만의 과감한 개혁 정책을 펼쳤다. 분배보다는 능력과 성과를 중시했고 실용주의를 내세워 시장경제 시스템을 받아들였다. 또한 해외 자본을 적극 유치하고 동부 연안에 경제특구를 설립해서 수출 제조기지의 초석을 닦았다. 결과는 대성공이었다. 중국은 개혁개방 이후 30년 동안 역사상 유례없는 성장 신화를 달성했다. 풍부하고 저렴한 노동력을 바탕으로 글로벌 공급망에 적극 편입해 세계의 공장으로 자리매김했고, 인프라와 부동산에 투자하며 고성장세를 유지했다. 급기야 2010년에는 중국의 GDP 규모가 일본을 제치고 2위로 올라섰고, 이후 미국과 어깨를 견주는 G2 국가로 우뚝 서게 되었다.

하지만 혁신의 관점에서 보면 중국은 이제 막 시작 단계에 접어들었다고 할 수 있다. 지금까지 중국 경제는 생산요소 투입에 치중한 양적인 성장에 매달려왔으며, 혁신을 통한 질적인 성장은 상대적으로 등한시했다. 더 정확히 말하면 혁신에 관심을 가질 이유가 없었다. 경제발전 초기 단계에는 정책 당국의 계획에 따라 노동과 자본을 투입하기만 해도 달콤한 고성장의 과실을 맛볼 수 있었기 때문이다. 중국 정부는 시장화 개혁이 자칫 국영기업의 기득권을 약화시켜 경제 전반에 대한 국가의 통제력이 약화되는 것을 우려했다. 지방정부 입장에서도 국영기업 또는 부동산 개발 업체와 손잡고 국영은행으로부터 값싼 자금을 조달해 도시를 건설하고 도로를 닦는 것이 성장과 고용을 늘리고 세수를 걷는 데 훨씬 수월했다. 수많은 중소기업들을 일일이 챙기고 이들이 혁신 역량을 키울 수 있도록 장려하는 것은 여간 성가신 일이 아니었다.

변화의 씨앗은 1980년대부터 뿌려지기 시작했다. 과도한 투자와 무리한 개발 계획의 폐해가 점차 드러나면서 중국 정부는 경제 운용 방식을 바꿔야 할 필요성을 절감했다. 마오쩌둥 시대에 고착된 중공업 위주의 산업구조에서 탈피하기 위해 경공업 육성에 주력했고, 효율성 제고를 위해 시장경제적 요소를 과감히 도입했다. 민영기업들도 변화의 대열에 합류했다. 이 시기에 설립된 기업이 현재 중국의 ICT 혁신을 주도하고 있는 화웨이, 세계 최대 PC 제조기업인 레노버Lenovo의 지주회사인 레전드홀딩스Legend Holdings, 미국 GE의 가전사업 부문을 인수하며 글로벌 가전 업체로 우뚝 선 하이얼Haier 등이다. 하지만 시장화를 위한 개혁 조치들은 쉽게 뿌리내리지 못했다. 거시경제의 불균형과 극심한 인플레이션을 초래했고 부패와 특권층의 전횡에 대한 분노가 정치적 저항으로 나타나며 사회는 혼돈에 빠졌다. 이는 중국 개혁개방의 이정표가 된 덩샤오핑의 **남순강화**가 등장하게 된 배경이 되었다. 이를 계기로 중국 정부는 동남부 도시를 경제특구로 지정하고 이들 지역을 수출기지로 적극 육성했다. 물론 여기에는 경제적 요인만 고려된 것은 아니었다. 덩샤오핑이 가장 먼저 경제특구로 지정한 선전은 1997년에 반환된 홍콩과 인접해 있고, 주하이珠海는 1999년에 반환된 마카오와 맞닿아 있다. 산터우汕頭와 샤먼廈門은 대만의 맞은편에 위치해 있다. 경제적 실리를 챙김과 동시에 외교·안보적 이해관계를 관철시키려는 덩샤오핑의 절묘한 포석이었던 것이다.

이후 중국 정부는 외국인 직접투자를 대폭 허용했다. 이렇게 들어온 해외 자본은 제조공장을 세우고 저임금 노동자들을 대량으로 고용해서 저가의 제품을 만든 후 해외로 수출했다. 중국이 중간재를

남순강화南巡讲话

1992년 1월 말부터 2월 초까지 덩샤오핑이 중국 남부 연해도시를 방문하면서 개혁과 개방을 촉구한 담화를 말한다. 그는 톈안먼天安門 사건을 계기로 개혁개방이 보수파의 반대로 큰 타격을 받자, 이를 타개하기 위해 우한, 선전 등을 돌며 개혁개방의 가속화를 역설했고, 이후 중국 경제가 번영의 길로 가는 초석이 되었다.

수입해 가공한 후 선진국에 최종재를 수출하는 가공무역에 특화하게 된 것이다. 하지만 저부가가치 제품에 편중된 탓에 중국 수출 기업들의 영업이익률은 낮았고, 기술력도 선진국의 노하우를 베끼는 수준에서 벗어나지 못했다. 그나마 중국 기업들이 혁신을 배웠다면 이는 중국에 진출한 다국적 기업을 통해서였다. 중국 정부는 이른바 시장환기술市場換技術, 즉 경제발전을 위해 시장을 내주고 기술을 흡수하는 정책을 내세웠고 이것이 주효했다. 다국적 기업들은 거대한 중국 시장에 진출하기 위해 중국에 R&D센터를 짓거나 핵심 기술 일부를 양도해야 했다. 그럼에도 중국 기업들이 기술적 종속에서 벗어나 자주창신自主創新(독자 기술 개발)의 단계로 진입하는 데는 상당한 시간이 걸렸다.

제조업뿐 아니라 ICT 산업 역시 상황은 마찬가지였다. 지금 중국을 넘어 세계를 쥐락펴락하는 중국의 거대 ICT 기업은 거의 예외 없이 미국 ICT 기업의 비즈니스 모델을 모방한 기업들이다. 전자상거래 업체인 알리바바는 이베이를, 인터넷 검색엔진 업체인 바이두는 구글을, 동영상 플랫폼 업체인 유쿠优酷는 유튜브를, 소셜네트워크서비스SNS 업체인 웨이보微博는 트위터의 비즈니스 모델을 거의 베끼다시피 했다. 또한 중국 ICT 기업들이 급성장할 수 있었던 데는 중국 정부가 인터넷 검열 시스템인 **만리방화벽**을 통해 구글, 페이스북 등 미국 IT 기업의 진출을 막은 영향이 컸

만리방화벽Great Firewall

만리방화벽은 만리장성Great Wall과 방화벽Firewall의 합성어로 중국의 인터넷 검열 시스템을 의미한다. 이 시스템으로 인해 중국 내에서는 구글, 트위터, 페이스북 등의 사이트에 접속할 수 없다. 그 밖에도 다수의 해외 사이트를 제한하고 있어 과도한 인터넷 통제라는 비판을 받고 있다.

출처: 프로큐리어스(Procurious)

중국의 젊은 기업가들은 1990년대 전 세계에 불어닥친 인터넷 열풍을 틈타 미국에서 성공한 비즈니스 모델을 그대로 카피해 중국 시장에 적용했다. 여기에 더해 중국 정부는 인터넷 검열 시스템인 '만리방화벽'을 통해 구글, 페이스북 등 미국 IT 기업의 진출을 막음으로써 자국의 ICT 기업들이 급성장할 수 있도록 도왔다. 다시 말해 중국 ICT 기업들은 선진국 시장에서 이미 검증된 비즈니스 모델을 들여와 국가의 보호 아래 사업을 확장해온 것이다.

다는 점은 부인할 수 없다. 다시 말해 중국 ICT 기업들은 선진국 시장에서 이미 검증된 비즈니스 모델을 들여와 국가의 보호 아래 사업을 확장해온 것이다. 중국의 젊은 기업가들은 1990년대 전 세계에 불어닥친 인터넷 열풍을 틈타 미국에서 성공한 비즈니스 모델을 그대로 카피해 중국 시장에 적용했다. 당장 미국 기업들의 기술을 따라잡기는 어렵지만 폭발적으로 성장하는 중국의 IT 수요에 대한 확신이 있었기 때문이다.

이런 상황이었기 때문에 당시에는 중국 ICT 기업들이 혁신을 시도하는 것이 되레 비즈니스의 성공 가능성을 떨어뜨리는 위험한 행동으로 인식되었다. 해외 투자자들도 중국 ICT 기업에 투자할 때 자체적인 혁신성보다 선진국의 검증된 비즈니스 모델을 얼마나 충실하게 모방하고 있는지를 중시했다. 중국 ICT 기업들이 서양인들의 뇌리에 카피캣으로 각인된 배경이다. 해외 투자자들은 이제막 계획경제에서 벗어난 중국에 투자하길 주저했고, 불투명한 규제환경과 중국인 경영자들의 배임 가능성에 깊은 의구심을 갖고 있었다. 따라서 이러한 불확실성을 상쇄할 만큼 확실히 검증된 비즈니스 모델을 선호하는 것은 지극히 자연스러운 일이었다. 이와 함께 해외투자자늘은 중국인 경영자의 영어 소통 능력을 매우 중시했다. 중국 ICT 기업들의 초기 비즈니스 모델이 미국 기업들과 대동소이하고 이들 기업의 CEO가 대부분 영어를 잘하는 것은 결코 우연이 아니다. 바이두 CEO인 리옌훙李彦宏은 뉴욕대학에서 석사학위를 받은 뒤 실리콘밸리에서 근무한 경험이 있고, 중국판 페이스북인 런런왕ㅅㅅ

차이나 이노베이션

网을 이끌고 있는 천이저우陳一舟는 델라웨어대학에서 학사를 딴 뒤 스탠포드대학 MBA를 졸업했다. 알리바바의 마윈 회장은 해외에서 유학하진 않았지만 영어 교사로 수년간 일하면서 외국인과 불편 없이 대화할 수 있을 정도의 유창한 영어 실력을 갖고 있었다.

하지만 시간이 지날수록 중국 ICT 기업들이 선진국 비즈니스 모델을 모방하는 것만으로는 중국 시장에서 경쟁력을 유지하기 어려웠다. 수많은 신규 업체들이 시장에 진입하며 경쟁은 갈수록 치열해졌다. 유사한 비즈니스 모델을 가진 업체들은 '제 살 깎아 먹기'식 출혈경쟁을 벌였다. 중국 소비자 역시 베낀 제품과 서비스에 만족하지 않았다. 중국인의 소득이 증가하고 여행과 유학을 통한 해외 경험이 늘어나면서 소비자들의 눈높이가 높아졌고 취향은 섬세해졌다. 이들은 자신의 필요를 좀 더 잘 충족시킬 수 있는 대안을 끊임없이 찾아 나섰다. 그 결과 창조적 모방에 성공한 소수의 기업들만 거대한 중국 시장에서 성공할 수 있었고, 그렇지 못한 대다수 기업들은 도태될 수밖에 없었다. 텐센트 CEO 마화텅馬化騰은 언론 인터뷰에서 "많은 중국 ICT 기업이 외국 모델을 모방했지만 대부분 망했다. 하지만 텐센트는 성공했다. 다른 점이 있었기 때문이다. 남들이 고양이를 보고 고양이를 그릴 때 텐센트는 고양이를 본떠 호랑이를 그렸다"고 말한 바 있다.

창조적 모방의 화룡정점: 텐센트의 위챗

1998년에 설립된 텐센트 역시 모방에서 탄생한 기업이다. 설립 당시 해외 시장에서는 이스라엘 스타트업이 개발한 ICQ라는 메신저 서비스가 인기를 끌고 있었다. 마화텅은 기능뿐 아니라 이름까지 모방한 QICQ란 메신저를 선보였다. 누가 봐도 QICQ는 ICQ의 중국어 판에 불과했다. 그렇다고 무조건 베끼기만 한 것은 아니었다. 텐센트는 ICQ가 지닌 단점들을 보완하고 중국인들에게 필요하다고 생각되는 기능을 추가했다. 예를 들어 ICQ는 기존에 사용하던 PC가 아닌 기기에서는 친구 정보를 볼 수 없었고, 오프라인 상태에서 친구에게 메시지를 남길 수도 없었다. 하지만 텐센트는 친구 정보를 PC가 아닌 서버에 저장하는 방법으로 이를 해결했으며, 사용자가 자신의 아바타를 선택할 수 있는 기능을 추가했다. 또한 텐센트는 PC의 주 사용층이 대학생이라는 점에 착안해 대학 온라인 게시판을 중심으로 홍보했고, QICQ를 무료로 다운로드할 수 있도록 했다. 시장의 반응은 뜨거웠다. 텐센트가 QICQ 서비스를 시작한 지 9개월 만인 1999년 11월에 사용자가 100만 명을 넘었고, 2001년에는 5,000만 명을 돌파했다.

그러나 모방에 의존한 성공은 오래가지 못했다. ICQ를 인수한 미국 ICT 업체 AOL은 QICQ가 자신들의 저작권을 침해했다며 소송을 냈고, 텐센트는 여기에 패소하면서 AOL에 거액의 손해배상금을 지급해야만 했다. 그리고 이를 계기로 메신저 이름을 QQ로 바졌다. 하지만 텐센트는 좌절하지 않고 기존의 '패스트 팔로워' 전략을 고수하며 더 많은 선진 비즈니스 모델을 차용했다. 2000년대 초 한국의 싸이월드를 벤치마킹한 유료 아바타 서비스를 시작한 것이 대표적인 예다. 메신저 서비스는 공짜로 사용하게 하되, 게임 아이템이나 사이버 캐릭터 등을 판매한 것이다. 이 전략은 적중했고, 이후 텐센트의 가입자와 매출이 크게 증가했다.

텐센트가 이룩한 창조적 모방의 화룡정점은 모바일 메신저인 위챗이다. 중국의 '국민 메신저'로 통하는 위챗의 최대 강점은 택시 호출, 영화관·미용실 예약에서부터 배달음식 주문, 공공 서비스 이용, 금융 결제 등 모바일에서 이뤄지는 거의 모든 상거래를 하나의 플랫폼 안에서 할 수 있다는 점이다. 그리고 위챗이 모방의 원형으로 삼은 메신저가 다름 아닌 한국의 국민 메신저 '카카오톡'이다. 텐센트는 2012년에 720억 원을 투자해 한국 SNS회사인 카카오의 2대 주주로 등극했다. 이를 계기로 텐센트는 카카오의 모바일 메신저 관련 기술과 노하우를 습득한 뒤 위챗에 적용했고, 위챗은 카카오톡의 기능을 충실히 모방하되 중국에 특화된 서비스를 추가하며 중국의 국민 메신저로 급부상했다.

대표적인 예가 문자 대신 음성으로 단문 메시지를 보낼 수 있는 서비스다. 사실 중국어는 채팅에 적합한 언어가 아니다. 현재 가장 널리 이용되는 문자 입력 방식은 사용자가 알파벳으로 된 병음(중국어를 로마자로 표기하는 자모)을 입력하면 이에 해당하는 중국어 단어나 표현들이 제시되고, 이를 선택해 입력하는 방식이다. 중국어가

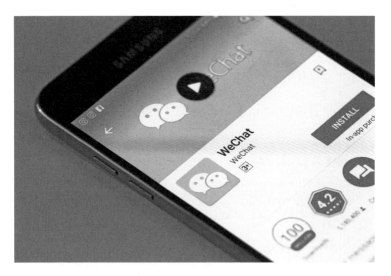

2012년 당시 카카오의 2대 주주였던 텐센트는 카카오의 모바일 메신저 관련 기술과 노하우를 습득한 뒤 위챗에 적용했고, 위챗은 카카오톡의 기능을 충실히 모방하되 중국에 특화된 서비스를 추가하며 중국의 국민 메신저로 급부상했다.

지닌 표의문자의 특성상 다른 언어에 비해 글의 분량이 훨씬 적어지는 장점이 있지만, 초고속 인터넷 시대에 이 같은 문자 입력 방식은 여간 불편한 일이 아니다. 그런데 텐센트가 복잡한 한자 병음을 일일이 입력하는 대신 음성으로 짧은 단문 메시지를 보낼 수 있게 한 서비스를 개발한 것이다. 이것이 빅히트를 치며 텐센트의 위챗은 중국에서 가장 인기 있는 모바일 메신저로 자리 잡았다.

현재 중국인들의 일상생활에서 널리 사용되는 QR코드가 보편화된 데에도 위챗의 공이 컸다. 중국인들이 처음 만난 사람과 가장 먼저 하는 일은 상대방 스마트폰의 QR코드를 스캔해 위챗의 친구로 등록하는 것이다. 중국인들은 편의점에서 음료수를 살 때뿐 아니라 택시 요금을 내거나 가게에서 음식을 주문할 때도 현금이나 신용카드 대신 QR코드를 스캔해 지불하는 것이 자연스러운 일상이 되었다. 가전제품 기업인 하이얼과 상하이폭스바겐 등 자동차회사들도 모바일 마케팅에서부터 물류 관리에 이르기까지 QR코드를 적극 활용하고 있다.

QR코드의 위상이 이렇게 높아진 데는 다 이유가 있다. 우선 음성 메시지 기능이 인기를 끈 것과 마찬가지로 복잡한 한자 병음 대신 직관적인 QR코드가 훨씬 더 편리하기 때문이다. 이와 함께 중국에서 신용카드, 현금자동인출기ATM, 결제단말기POS 등 지급결제와 관련한 금융 인프라가 매우 낙후되어 있다는 점도 크게 작용했다. 2014년 기준으로 중국의 1인당 신용카드 보유 수는 0.33장에 불과하고, 현금자동인출기는 인구 10만 명당 37개로 미국 등 선진국에 비해 상당히 낮은 수준이다. 하지만 중국의 방대한 인구와 국토 면적을 감안할 때 이 같은 인프라를 선진국 수준으로 구축하는 것은 막대한 시간과 비용을 필요로 한다. 몇몇 기업이 해결할 수 있는 문제가 아니며, 국가 차원에서도 상당히 부담스러운 사업이다. 이런 상황에서 텐센트는 위챗이라는 플랫폼에 QR코드를 결합해 각종 금융 서비스와 소비 활동을 가능하게 한 것이다. 한자 병음의 불편함과 낙후된 금융 인프라가 도리어 혁신의 촉매제로 작용한 것이다. 소비자 입장에서는 분실 위험이 있는 현금이나 신용카드를 들고 다닐 필요가 없고, 결제 과정에서 QR코드를 스캔하는 것이 카드를 긁고 카드

출처: 런민왕(人民网)

현재 중국에서는 QR코드를 통한 지급결제가 일반화되어 있다. 이처럼 중국에서 QR코드의 위상이 높아진 데에는 스마트폰에서 사용하기에는 다소 복잡한 한자 병음 체계와 낙후되어 있던 금융 인프라가 도리어 중요한 촉매제 역할을 했다.

사의 승인을 기다리는 것보다 빠르다. 상점 입장에서도 QR코드 사용 시 수수료가 신용카드보다 훨씬 저렴할 뿐 아니라 결제단말기를 구비할 필요도 없어 너 나 할 것 없이 QR코드를 이용한 모바일 지급결제를 받아들였다. 중국 최대 신용카드사인 국영기업 유니온페이가 차지하고 있던 결제 시장의 독점적인 위상이 깨지게 된 배경이었다.

지난 몇 년간 폭발적으로 성장한 중국의 O2O 시장 역시 QR코드를 빼놓고는 설명할 수 없다. 중국에서 자동차 공유서비스가 보편화되고 자전거와 오토바이 공유서비스까지 빠르게 확산되고 있는 것은 QR코드 덕분이었다고 해도 과언이 아니다. QR코드는 별도의 앱을 설치할 필요 없이 알리페이와 위챗페이만으로도 인식이 가능하며, 사업주와 고객에게 결제의 편리성과 안전성을 동시에 제공할 수 있다. 온라인의 혁신과 오프라인의 수요가 결합하는 과정에서 QR코드가 촉매제로 작용하면서 모바일결제 생태계가 급속히 성장했고, 이것이 다시 O2O 시장을 성장시키는 선순환 구조가 형성된 것이다. 텐센트는 한 걸음 더 나아가 자사의 모바일결제 시스템인 위챗페이를 만들었다. 현재 텐센트의 위챗페이는 알리바바의 알리페이와 함께 중국의 양대 모바일결제 시스템으로 자리 잡았다. 위챗은 이를 토대로 단순한 모바일 메신저를 넘어 금융, O2O, 교통, 전자상거래, 엔터테인먼트 등 다양한 서비스를 모두 사용할 수 있는 거대한 플랫폼이 되었다. 중국의 시장조사기관인 아이리서치iResearch에 따르면 2016년 중국의 모바일결제 규모는 전년보다 215% 증가한 38조 위안(약 6,500조 원)을 기록했다. 이는 애플, 구글, 삼성 등 글로벌 ICT회사들이 각축을 벌이고 있는 미국 모바일결제 시장의 50배에 이르는 규모다.

혁신의 개척자, 알리바바

사실 중국에서 온라인결제 시스템을 처음 도입한 기업은 다름 아닌 알리바바였다. 텐센트가 온라인결제 시스템의 판을 키웠다면 알리바바는 온라인결제 시스템의 문을 열어젖힌 장본인이다. 알리바바는 중국의 창조적 모방이 얼마나 큰 파괴력을 가질 수 있는지를 가장 극적으로 보여준 사례다. 알리바바의 온라인결제 시스템인 알리페이는 알리바바를 중국 최대 전자상거래기업으로 키운 비밀 무기이자 이후 중국에서 벌어진 거의 모든 ICT 혁신의 시발점이 되었다. 만약 누군가 필자에게 문명사에 기여한 중국의 발명품들 가운데 기존의 4대 발명품인 나침반, 종이, 화약, 인쇄술 외에 한 가지를 더 꼽으라고 한다면 주저 없이 알리페이를 지목할 것이다. 이처럼 알리페이의 중요성은 아무리 강조해도 지나치지 않다.

물론 알리페이도 알리바바가 새롭게 만든 서비스는 아니다. 2000년대 초반 세계 최대 전자상거래 업체였던 이베이의 온라인결제 시스템인 페이팔Paypal을 벤치마킹한 것이다. 알리바바가 C2C Customer to Customer (개인 대 개인) 전자상거래 사이트인 타오바오Taobao를 출시했을 때인 2003년, 중국 C2C 시장의 절대 강자는 이베이였다. 이베이는 당시 중국 최대 전자상거래 업체였던 이취왕易趣網을 인수하고 소후Sohu, 바이두 등 주요 포털과 광고 독점계약을 맺는 등 공격적인 대륙 공략에 나서고 있었다. 이제 막 C2C 시장에 뛰어든 알리바바가 이베이와 맞서는 것은 다윗과 골리앗의 대결처럼 알리바바에게 절대적으로 불리한 상황이었다. 이런 상황에서 알리바바는 대형 포털 대신 개인 사이트에 마케팅 역량을 집중하는 한편, 타오바오의 수수료를 없애고 판매자들에게 무료 광고를 허용하며 시장 공략에 나섰다.

알리바바의 진정한 반격은 알리페이에서 시작되었다. 알리바바는 중국 전자상거래 시장이 본격적으로 개화되지 않은 상황에서 시장점유율은 큰 의미가 없다고 봤다. 대신 성장 잠재력이 높음에도 불구하고 중국의 전자상거래 시장이 좀처럼 성장하지 못하는 배경에 주목했다. 마윈 회장은 그 이유가 중국의 특성상 거래 상대방에 대한 신뢰가 부족하고 신뢰성과 편의성을 갖춘 결제수단이 없기 때문이라고 판단했다. 그는 세계 시장을 호령하는 이베이보다 중국 시장과 소비자들을 더 잘 이해하는 알리바바가 이 문제를 해결할 적임자라고 자신했다. 마윈 회장이 "이베이가 바다의 상어라면, 우리는 양쯔강의 악어다. 강에서 싸우면 틀림없이 우리가 이긴다"라고 말한 것은 그런 맥락에서다.

알리바바는 가짜 상품이 판을 치고 신용카드 같은 결제수단이 미비한 중국에서 페이팔과 같은 결제 시스템은 통하기 어렵다고 봤다. 페이팔은 상품 구매자와 판매자 사이에 일종의 가상계좌를 만들고 구매자가 결제를 하는 즉시 판매자의 계좌로 돈이 입금되는 방식이었다. 이에 반해 알리페이는 거래 상대방에 대한 신뢰도가 높지 않은 중국의 실정을 감안해 에스크로Escrow (제3자 지급결제 보증) 방식을 도입했다. 상품 구매자가 제3자인 알리페이로 돈을 송금하면 판매자가 알리페이에서 입금 내역을 확인하고 물건을 발송한다. 물건을 받아본 구매자가 확인 후 구매를 확정하면 알리페이가 최종적으로 판매자에게 돈을 송금하는 시스템이다. 중국의 다른 혁신이 그렇듯이 알리페이 역시 특별히 높은 기술적 난이도가 필요한 서비스는 아니었다. 중국 소비자들의 특성과 요구사항을 잘 이해하고 있었기 때문에 가능한 서비스였다. 결과적으로 이러한 제3자 지급결제 플랫폼은 결제 안정성을 보장할 수 없었던 페이팔의 서비스를 창조적으로 모방한 '신의 한 수'였다. 알리페이와 함께 알리바바는 폭발적인 성장세를 거듭하며 중국 전자상거래 시장의 80%를 점유하는 초대형 기업이 되었다. 그 결과 '골리앗' 이베이는 '다윗' 알리바바의 공세에 밀려 2006년에 중국 시장에서 철수하고 만다.

또한 알리바바는 2004년부터 구매자와 판매자를 연결하는 인스턴트 메신저 서비스인 알리왕왕阿里旺旺을 도입했다. 중국 소비자들이 온라인상의 사진만 보고 구매하는 데 불안감을 느낀다는 점을 간파한 것이다. 알리왕왕에는 문자 채팅과 음성·영상통화는 물론 거래 알림 기능과 실시간 통보 기능도 갖춰져 있다. 현재 대부분의 중국 소비자들은 타오바오에서 상품을 구매하기 전에 알리왕왕을 이용해 판매자와 상담을 한 뒤 제품을 구입한다. 그만큼 알리왕왕은 중국에서 중요한 소비 행위의 하나로 자리 잡았다. 상품 구매자는 알리왕왕을 통해 진품 여부를 확인할 뿐 아니라 가격도 흥정할 수 있으며, 판매자와 채팅한 기록이 모두 저장되기 때문에 분쟁이 발생했을 때 증거로도 사용할 수 있다.

알리바바의 진화는 여기서 그치지 않았다. 원래 알리페이는 타오바오의 온라인결제를 보완하기 위해 만들어진 것이었다. 하지만 5억 명이 넘는 소비자들이 알리페이로 결제하면서 알리바바는 이들의 동선과 라이프스타일에 대한 광범위한 빅데이터를 확보하

알리바바그룹 생태계

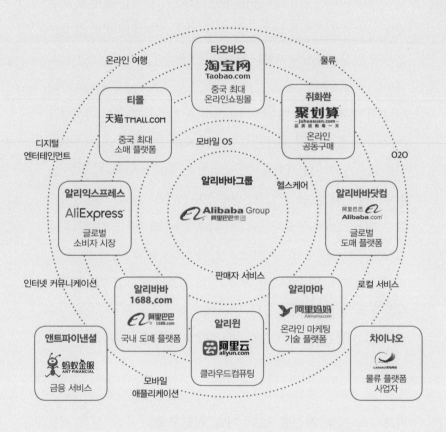

온라인 여행

타오바오
淘宝网
Taobao.com
중국 최대
온라인쇼핑몰

물류

티몰
天猫 TMALL.COM
중국 최대
소매 플랫폼

쥐화쏸
聚划算
juhuasuan.com
品质团购每一天
온라인
공동구매

디지털
엔터테인먼트

모바일 OS

O2O

알리익스프레스
AliExpress
글로벌
소비자 시장

알리바바그룹
Alibaba Group
阿里巴巴集团

헬스케어

알리바바닷컴
阿里巴巴 Alibaba.com
글로벌
도매 플랫폼

인터넷 커뮤니케이션

판매자 서비스

로컬 서비스

앤트파이낸셜
蚂蚁金服
ANT FINANCIAL
금융 서비스

알리바바
1688.com
阿里巴巴 1688.com
국내 도매 플랫폼

알리윈
阿里云
aliyun.com
클라우드컴퓨팅

알리마마
阿里妈妈
Alimama.com
온라인 마케팅
기술 플랫폼

차이냐오
CAINIAO 菜鸟网络
물류 플랫폼
사업자

모바일
애플리케이션

게 되었고, 이를 활용해 새로운 가치를 창조할 수 있다는 사실을 깨달았다. 알리바바의 마윈 회장은 향후 30년간 IT(정보기술) 시대가 저물고 데이터를 활용해 개별 고객에 대응할 수 있는 기업이 성공하는 DT(데이터 기술Data Technology)시대가 열릴 것이라고 단언한 바 있다.

알리바바는 인공지능을 활용한 빅데이터 분석을 통해 쇼핑 결제와 신용평가는 물론 금융상품 투자, 보험, 인터넷은행 등을 융합한 새로운 플랫폼을 구축했다. 2004년에 온라인결제 시스템인 알리페이를 출시한 이후 온라인 머니마켓펀드인 위어바오(2013년), 온라인 보험회사인 중안보험众安保险(2013년), 인터넷전문은행인 마이뱅크(2015년) 등을 새롭게 출시하며 사업을 확장하고 있다. 알리바바는 이들 회사가 각자의 영역에서 선도적인 위상을 차지하도록 하는 동시에 개별 부문을 유기적으로 연계하며 시너지 효과를 극대화하고 있다. 또한 스마트 물류회사인 차이냐오Cainiao, 클라우드 서비스회사인 알리윈Aliyun을 설립하는 한편, 가상현실VR과 증강현실AR에 대규모로 투자해 이를 알리바바의 전자상거래 시스템과 결합함으로써 소비자의 몰입도를 높이고 있다. 중국 ICT 혁신의 알파이자 오메가라 할 수 있는 알리바바 제국은 여전히 확장되고 있다.

비즈니스 모델 혁신을 넘어 기술 혁신으로

사실 중국의 혁신은 앞서 언급한 소수의 기업에 국한되지 않으며,

점차 양적인 성장을 넘어 질적인 발전으로 도약하고 있다. 중국 정부의 전략적 지원과 내수시장의 폭발적인 성장이 결합하면서 혁신에 적합한 토양을 만들어냈고, 이 같은 기회를 기업들이 적극적으로 활용하면서 ICT 산업과 제조업 등 산업 전반에 걸쳐 창조적 파괴가 빠른 속도로 전개되고 있다. 이뿐만 아니라 지금까지 중국 기업들이 소비자들의 불편을 해소하고 생산 효율을 높이는 이른바 비즈니스 모델 혁신에 치중해왔다면, 이제는 기술의 혁신까지 만들어내고 있다. 중국에서 처음 제조made되는 것이 아니라 중국에서 처음 창조created되는 제품과 서비스들이 속속 등장하고 있다는 뜻이다. 그리고 그 바탕에는 무서운 속도로 증가하고 있는 R&D 투자가 있다.

중국은 2006년에 '국가 중장기 과학기술발전계획(2006~2020년)'을 제시한 이후 독자적인 기술 개발에 총력을 기울여왔다. 그 결과 다음 장의 그래프에서 보듯이 중국의 R&D 지출 규모는 매년 가파르게 증가하며 2009년에는 일본을, 2014년에는 EU를 추월했다. 2015년 현재 중국은 이 부문에서 미국에 이어 2위를 차지하고 있다. 또한 2015년 중국의 R&D 인력은 연구 보조 인력을 모두 포함해 375만 9,000명을 기록했는데, 이는 세계에서 가장 큰 규모이며 한국에 비해서는 6배나 많은 숫자다. 중국은 2015년까지 이 부문에서 9년 연속 세계 1위를 차지하고 있다. 중국 정부는 R&D 인력을 확보하기 위해 매우 적극적인 행보를 보이고 있다. 단적으로 2008년에 미래 산업을 선도할 해외 우수 인력 1,000명을 중국에 영입하기 위해 실시한 '천인계획千人計劃'을 2012년에 '만인계획万人計劃'으로 확

세계 주요 국가별 R&D 지출 추이

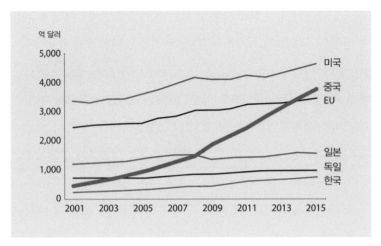

출처: OECD

대하며 인재 싹쓸이 전략을 강화했다.

그리고 이는 실질적인 성과로 이어지고 있다. 지난 10년간 중국의 피인용 상위 1% 국제 논문과 국제 이슈 논문 수는 미국과 영국 다음으로 많았고, 박사급 인력 규모는 미국과 비슷한 수준까지 증가했다. 2015년에 학술 논문 데이터베이스 '웹 오브 사이언스Web of Science'에 등재된 국제 과학 논문 가운데 중국의 비중은 18.7%로 1위인 미국(26.1%)을 바짝 추격하고 있다. 특허 출원에서도 중국의 굴기는 명확하게 나타난다. 세계지식재산기구WIPO에 따르면 중국은 2015년에 전 세계 특허의 40%에 육박하는 110만 건의 특허를 출원하며 독주 체제를 굳히고 있다. 2위 미국(59만 건)과 3위 일본(32만 건)의 출원

차이나 이노베이션

건수를 합쳐도 중국에 미치지 못한다. 특히 중국의 특허 출원은 바이오, 차세대 IT기술, 신에너지 자동차 부문을 중심으로 빠르게 증가하고 있다. 보다 엄격한 기준이 적용되는 PCT(특허협력조약) 국제 특허 출원 건수 면에서도 중국은 2016년에 전년 대비 44.7% 증가한 4만 3,168건을 기록하며 미국과 일본에 이어 3위에 올랐다. 이 같은 모습은 중국이 선진국의 기술 수준을 따라잡고 있음은 물론이고, 새로운 산업에서 핵심 기술을 확보하면서 시장을 선도하기 위해 매진하고 있음을 나타낸다.

물론 중국의 R&D 지출은 여전히 해결해야 할 과제를 안고 있다. 정부와 기업 간 역할 분담이 불분명하고 시장 수요와 괴리된 채 비효율적으로 집행되고 있는 점은 부인할 수 없는 사실이다. 또한 R&D 평가 시스템이 제대로 갖춰져 있지 않아 투입된 자원이 어떻게 활용되고 어떤 성과를 내고 있는지 확인하기 어려운 점도 해결해야 할 과제. 그러나 이 같은 문제들을 감안하더라도 막대한 R&D 지출과 정부의 전폭적 지원이 제도적 비효율성을 충분히 상쇄하고 있다는 것을 간과해서는 안 된다. 양적인 규모가 여타 장애물을 압도하며 R&D 지출의 질적 개선을 이끌고 있는 것이다.

기업 차원에서 보면 상황은 더욱 명확해진다. 유럽연합집행위원회European Commission가 전 세계 기업의 R&D 투자 현황을 조사한 결과 2015년 R&D 투자 상위 1,000개 기업 중 89개가 중국 기업이었다. 2008년 이 수치는 12개에 불과했다. 더욱이 이들 89개 기업의 2015년 R&D 지출액은 전년 대비 42% 증가했는데, 이 같은 증가율은 전 세계 1,000개 기업의 평균 R&D 지출 증가율보다 3배 이상 높은 수치였다. 중국 기업들의 활발한 R&D 투자 움직임을 대표적으로 보여주는 회사가 특허 공룡 화웨이다. 화웨이는 중국, 미국, 유럽 등에 16개의 R&D센터를 갖고 있는 한편, 전략적 파트너들과 함께 28개의 혁신센터를 설립했다. 그리고 이를 바탕으로 2014년과 2015년에 2년 연속으로 세계에서 가장 많은 국제특허를 출원했다. 특히 2015년의 경우 화웨이는 R&D에 92억 달러를 쏟아부었는데, 이는 같은 기간 애플의 R&D 투자액인 82억 달러보다 많은 수치였다. 2015년에 화웨이가 애플에 빌려준 특허 수(769건)가 애플로부터 빌린 특허 수(98건)보다 훨씬 많았던 것은 결코 우연이 아니다. 화웨이는 이처럼 과감한 투자를 바탕으로 8만 명이 넘는 R&D 인력을 운용하면서 글로벌 스마트폰 시장뿐 아니라 5세대 이동통신 시장의 주도권 확보에 적극 나서고 있다.

03

중국 혁신의 원동력,
시장과 기업가 정신 그리고 국가

지금까지 중국의 새로운 성장 패러다임으로서 혁신이 왜 필요한지, 그리고 이러한 방향 전환이 중국 경제에 어떤 영향을 미치는지 살펴 보았다. 또한 혁신적인 기업들이 어떻게 변화를 주도하고 있으며, 산업 생태계를 어떤 모습으로 바꾸고 있는지도 알아보았다. 그렇다면 중국 기술 혁신의 원동력은 무엇일까? 결론부터 말하면 중국의 기술 혁신은 광활한 소비시장, 왕성한 기업가 정신, 그리고 국가의 정책적 지원이 만들어낸 합작품이다. 현재 중국에서 벌어지고 있는 눈부신 기술 혁신을 이해하기 위해선 이러한 변화를 이끌어온 핵심 요인이 무엇인지 알아야 한다.

혁신의 스폰지, 광활한 중국 소비시장

개혁개방 이후 세계의 공장이었던 중국이 세계의 시장으로 탈바꿈하고 있다. '무엇이든 만드는 나라'에서 '무엇이든 소비하는 나라'로 바뀌고 있는 것이다. 빠른 경제성장에 발맞춰 급성장한 중산층이 거대한 소비층을 형성했기 때문이다. 피터슨국제경제연구소PIIE의 니킬러스 라디Nicholas Lardy 선임연구원은 "지난 30년간 중국의 14억 인구가 노동력으로 세계 경제 판도를 바꿔왔다면 이제부터는 구매력으로 세계 경제 지형도를 다시 한번 흔들어놓을 것"이라고 지적했다. 중국은 소비시장이 워낙 크기 때문에 내수시장만으로도 글로벌 기업을 키울 수 있는 국가다. 텐센트는 9억 명이 넘는 중국 내 활성 사용자Active User만으로 글로벌 ICT 산업을 선도하는 기업이 되었다. 바꾸어 말하면 글로벌 기업으로 성장하려는 기업에게 중국의 소비시장은 반드시 거쳐야 하는 관문이라고 할 수 있다. 수많은 글로벌 기업들이 중국 마케팅과 현지화에 사활을 걸고 나서는 이유다.

중국 소비시장이 처음부터 매력적인 것은 아니었다. 중국이 경제 문호를 개방한 후에도 정부의 보이는 손과 보이지 않는 규제가 소비시장의 성장을 가로막았다. 경제 전체의 파이는 커졌으나 가계로 돌아가는 몫은 제자리걸음이었다. 정부는 투자 재원을 확보하기 위해 가계들로 하여금 강제로 저축하게 했고, 수출 가격 경쟁력을 위해 임금 인상을 억제했다. 이에 가계의 소득수준은 더디게 증가했고 소비자신용도 크게 제약될 수밖에 없었다. 물류 기반시설 역

차이나 이노베이션

시 극도로 낙후되어 있었을 뿐만 아니라 국영기업이 제조업과 유통, 무역을 좌지우지하고 있었다. 1980년대에 덩샤오핑이 토요타에 자동차 공장을 지어달라고 요청했을 때 토요타가 향후 50년간 중국인들이 자동차를 구매할 형편이 못 될 것이라고 판단한다며 거절한 것은 너무나 유명한 일화다.

하지만 이제는 상황이 달라졌다. 중국인의 소득수준이 빠르게 향상되면서 중국 소비자들의 구매력과 눈높이도 덩달아 높아졌다. 로컬 브랜드가 만든 생필품을 주로 구매하던 소비자들은 점차 해외 브랜드의 내구재와 서비스를 찾기 시작했고 소비시장도 급속도로 커졌다. 중국의 자동차 판매량은 2009년 이후 줄곧 세계 1위를 차지하고 있으며, 2016년에는 미국의 1.6배인 2,800만 대를 기록했다. 중국 재계 정보 조사기관인 후룬연구원胡润研究院에 따르면 2016년에 중국의 억만장자(자산 규모 10억 달러 이상) 수가 568명을 기록하며 처음으로 미국의 억만장자 수(535명)를 넘어선 것으로 나타났다. 이와 함께 베이징과 상하이 등 동부 연안에 집중되었던 경제성장의 과실이 중서부 지역에 있는 수많은 3~4선 도시로 확산되면서 이들 지역에서 자동차, 영화, 화장품, 가전 등 각종 소비시장이 빠르게 커지고 있다. 중국의 31개 성省급 행정 단위 가운데 연간 소비액이 1조 위안이 넘는 곳이 무려 14개에 이른다. 중국 정부 역시 내수시장 확대를 위해 소비구조를 업그레이드하고 임금 상승을 유도하는 등 소비 활성화를 적극 장려하고 있다.

내수시장 확대를 이끄는 핵심 주체는 중산층이다. 중국의 중산층은 세련된 취향과 높은 구매력을 갖추고 중국 소비시장의 지형을 변화시키고 있다. 이들은 가격이 비싸더라도 품질과 브랜드가 마음에 들면 기꺼이 지갑을 연다. 다음 그래프에서 보듯이 글로벌 컨설팅 업체인 맥킨지는 중국 내 연간 가처분소득이 1만 6,000달러에서 3만 4,000달러인 중산층 비율이 2010년 6%에서 2020년에 51%로 급증할 것으로 전망했다. 가구 수로 따지면 1,400만 가구에서 1억 6,700만 가구(약 4억 명)로 늘어나는 것이다. 스위스 투자은행인 크레디트스위스Credit Suisse는 2015년에 이미 중국의 중산층 수가 미국을 넘어섰다고 분석한 바 있다.

세대별로는 바링허우-80后(1980년대생)와 주링허우-90后(1990년대

중국 주력 소비층의 비중 증가 추이

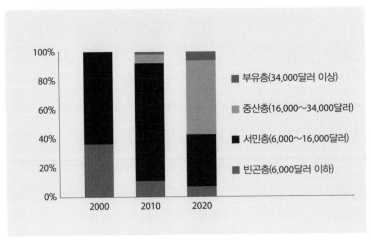

출처: 맥킨지

차이나 이노베이션

생)가 단연 돋보인다. 생산가능인구(15~64세) 가운데 이 두 세대를 합친 비중은 60%를 넘는다. 이들은 검소한 생활 방식과 높은 저축 성향을 보여왔던 앞선 세대와 달리, 자기중심적이고 독립심이 강하며 개성과 실속을 동시에 추구하는 소비 성향을 보인다. 고령화와 저출산 여파로 2013년을 정점으로 생산가능인구가 줄어들고 있음에도 불구하고 중국의 소비 지출이 지속적으로 증가하는 것은 이들 신세대 소비층의 특성이 반영된 것이다. 바링허우, 주링허우의 등장은 판매되는 상품의 종류는 물론 물건이 팔리는 방식에도 큰 변화를 가져왔다. 이들 세대는 번거롭게 오프라인 매장을 방문해서 제품을 고르기보다 온라인으로 다양한 브랜드를 검색해 할인된 가격으로 구매하는 것을 선호한다. 이에 따라 2012년에 1조 2,000억 위안이었던 중국 전자상거래 시장 규모는 2016년에 4조 7,000억 위안으로 급증했다.

중국 소비시장의 또 다른 중요한 특징은 다양성이다. 단순히 거대하다는 것만으로는 중국 소비시장을 설명할 수 없다. 넓은 국토에 지역마다 발전 수준이 다르고 인구구조와 소득수준이 천차만별이기 때문이다. 지역별로 문화와 역사가 다르고 심지어 언어도 다르다. 14억에 가까운 인구 가운데 표준어인 푸퉁화普通话를 쓸 수 있는 사람은 70% 정도이며, 나머지 30%에 해당하는 4억 명은 남방 언어인 광둥어나 소수민족 언어를 사용한다. 수십 년간 지속된 **불균형 성장 전략**으로 상하이와 톈진 등 동부 연안도시의 1인당 GDP는 10만 위안을 넘는 반면, 윈난, 간쑤 등 중서부 도시의 1인당 GDP는 3만

불균형 성장 전략

중국이 개혁개방 이후 비약적인 성장을 달성할 수 있었던 원동력은 능력 있는 자가 먼저 부자가 될 수 있게 하는 선부론先富論을 바탕으로 한 불균형 성장 전략이었다. 성장보다 분배를 중시했던 마오쩌둥과 달리 덩샤오핑은 경제의 파이를 키우는 데 우선순위를 두었다. 또한 개혁개방의 효과를 극대화하기 위해 동남부 도시를 수출기지로 적극 육성하는 한편, 가계 소비보다는 부동산·인프라 등 투자 위주의 부양책을 펼쳤다. 이 같은 정책들이 효과를 거두면서 중국 경제가 고속 성장의 궤도에 오르기 시작한 것이다. 하지만 이러한 불균형 성장 전략은 심각한 부작용을 초래하기도 했다. 단적으로 동남부 지역에 비해 중서부 지역의 발전이 현저하게 뒤처졌고, 계층 간 소득 격차도 사회 안정을 위협할 정도로 심각하게 벌어졌다. 또한 과도한 투자 의존 정책으로 가계 소비가 위축되는 것은 물론, 지역별로 부동산 버블과 공급 과잉 문제가 각기 다른 양상으로 나타나면서 중국 경제를 위협하는 리스크 요인으로 작용하고 있다.

위안도 되지 않는다. 동부 연안도시는 산업구조와 소비수준이 선진국 수준에 다다랐지만, 낙후된 내륙도시는 이제 막 개발도상국 수준에 진입한 셈이다.

또한 각 지역별로 문화와 라이프스타일이 다르고, 같은 성省 내에서도 도시와 농촌 등 이질적인 시장이 공존한다. 개혁개방의 전초기지였던 광둥, 상하이 등 동남부 연안은 글로벌 기업들이 일찌감치 진출했지만, 개혁개방이 상대적으로 늦었던 북부 지역은 여전히 국영기업의 영향력이 크고 소비자들 역시 이에 익숙해져 있다. 당연히 각 지역마다 선호하는 제품과 브랜드가 상이할 수밖에 없다. 중국 소비자를 추상적으로 하나로 뭉뚱그려놓고 여기에 14억을 곱한 수치를 자사의 매출 기반으로 착각했던 기업들이 번번이 실패했던 이유다. 사비오 챈Savio S. Chan과 마이클 자쿠어Michael A. Zakkour는《중국의 슈퍼 컨슈머China's Super Consumers》라는 책에서 중국 소비시장의 이질성에 대해 이렇게 설명했다.

지금 중국 시장에 진출하려 한다는 것은 유럽 시장에 진출하려 한다는 말과 다르지 않다. 중국을 하나의 단일 시장으로 바라보면 재앙이 닥칠 것이다. 이는 네덜란드와 영국, 폴란드, 스페인, 라트비아 시장에 진출하면서 제품 포장에 같은 언어를 표기하는 것은 물론, 제품 조합과 가격 책정, 머천다이징, 광고, 홍보 계획을 모두 통일하는 것과 같다.

　　중국을 단일 시장으로 오판해 실패한 사례는 무수히 많다. 1990년대 초반 미국 가전 업체인 월풀Whirlpool은 중국의 소비시장이 빠르게 성장할 것이라는 판단 아래 중국에 공격적인 투자를 단행했다. 하지만 거대한 중국이라는 환상에 눈이 멀어 현지 시장과 문화에 대한 기초 조사는 물론 소비자에 대한 분석도 제대로 하지 않았다. 그러다 보니 치밀한 전략 없이 냉장고, 세탁기, 에어컨 등을 한꺼번에 시장에 내놓는가 하면, 로컬 업체와 서둘러 설립한 합작회사도 삐걱거렸다. 결과는 대참패였다. 급변하는 시장 상황 가운데 신속한 경영 판단을 해야 함에도 월풀의 중국 지사는 미국 본사의 결정을 기다리는 데 많은 시간을 허비해야 했다. 피자 업체인 도미노Domino's 역시 마찬가지였다. 현지 시장에 대한 면밀한 조사 없이 기존의 사업 모델을 그대로 들여와 중국 전역에 적용했다. 만성적인 교통 체증이 발생하는 중국에서 '30분 배달 보증제'를 고수했고, 중국인들에게 익숙지 않은 테이크아웃(포장판매)만 고집하면서 중국 소비자들로부터 외면받았다.

　　반면 중국 시장의 다양성을 이해해 성공한 사례도 적지 않다.

2005년 IBM의 PC사업부를 인수하며 중국 기업에서 글로벌 기업으로 도약한 레노버는 미국, 유럽 등 선진국 시장을 공략하는 동시에 글로벌 브랜드와 선진 제조 기술을 앞세워 중국 시장을 파고들었다. 레노버는 중국 시장이 성숙시장과 신흥시장으로 나뉘어 있고, 그 안에서도 서로 다른 소비 계층이 있다고 판단했다. 이에 따라 소득수준이 높은 1선 도시에서는 레노버가 삼성, 애플과 경쟁하는 글로벌 브랜드라는 점을 강조했다. 로고를 영어로 표기하고 고급 이미지를 추구하는 고가 전략을 펼쳤다. 하지만 3선급 이하 지방도시에서는 가격대를 낮추고 로고와 광고 문구를 모두 중국어로 표기하는 등 철저히 로컬 기업이라는 이미지를 부각시켰다. 광고 이미지 역시 성숙시장에서는 소비자들과의 감성적 교감을 중시한 반면, 신흥시장에서는 가성비 등 실용성에 초점을 맞췄다. 레노버가 중국 PC 시장을 석권하게 된 배경이다.

중국 시장의 다양성은 오프라인에 국한되지 않는다. ICT 기술의 발달과 스마트폰 확산으로 오프라인보다 훨씬 세분화되어 있는 곳이 다름 아닌 중국의 온라인 시장이다. 성별, 연령뿐 아니라 관심사와 라이프스타일에 따라 차별화된 시장이 존재하며, 이들의 규모와 성격도 역동적으로 변하고 있다. 이에 따라 중국의 31개 성급 행정단위마다 선호하는 스마트폰 브랜드가 다르듯이, 지역별로 선호하는 애플리케이션과 O2O 플랫폼도 다르다. 예를 들어 1~2선 도시의 경우 맛집 정보 서비스 업체인 다중뎬핑大众点评의 인기가 높지만, 소득수준이 낮은 3~4선 도시의 경우 소셜커머스 사이트인 메이

중국의 도시 등급

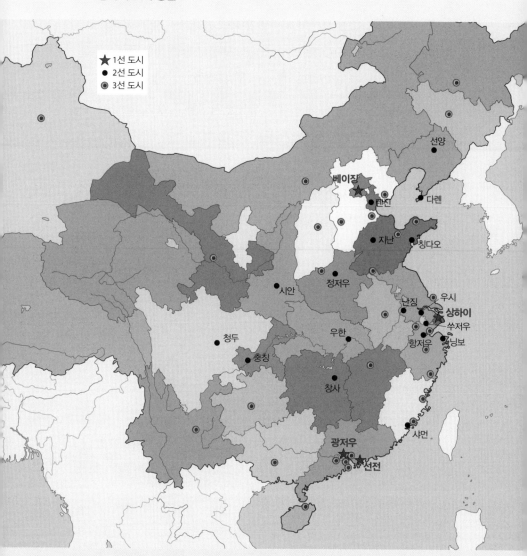

★ 1선 도시
● 2선 도시
◉ 3선 도시

선양
베이징
톈진
다롄
지난
칭다오
정저우
시안
난징
우시
상하이
쑤저우
청두
우한
항저우
닝보
충칭
창사
샤먼
광저우
선전

퉌美团이 더 대중적이다.* 이는 다중뎬핑이 상하이에서 사업을 시작한 탓도 있지만, 1~2선 도시의 모바일 인터넷 사용률이 높아 고객들의 평가로 운영되는 다중뎬핑의 비즈니스 모델이 잘 작동할 수 있었기 때문이다. 이처럼 알리바바, 텐센트 등 주요 ICT 기업들은 각자의 특성과 비교 우위를 살려 온라인 시장을 과점하고 있고, 그 틈새를 좀 더 전문화된 서비스를 제공하는 수많은 혁신 스타트업들이 메우고 있다.

거대하면서도 다양한 중국의 소비시장은 혁신을 추동하는 강력한 힘으로 작용한다. 새로운 아이디어와 시도는 그것을 흡수해 줄 만한 시장이 전제되지 않으면 기획 단계에서부터 좌초된다. 거대한 시장이 혁신의 충분조건은 아닐지 몰라도 필요조건임은 분명하다. 기업 입장에서 새로운 제품이나 서비스로 수익 모델을 만들어내기 쉽다. 특히 ICT 기술의 발달로 시공간의 제약이 없어지면서 거대한 시장의 장점은 더욱 부각되고 있다. 중국에서 출시된 새로운 제품 및 서비스의 이용자가 1억 명에 도달하기까지 걸리는 시간이 극적으로 짧아지는 것이 이를 단적으로 보여준다.

다음 그래프에서 보듯이 중국에서 1987년에 출시된 피처폰의 경우 이용자가 1억 명에 이르는 데 15년이 걸렸다. 텐센트의 PC 메

★　　2015년 10월에 메이퇀과 다중뎬핑은 메이퇀뎬핑(美团点評)으로 합병했다. 이로써 메이퇀뎬핑은 활성사용자 수가 2억 명이 넘고, 협력업체만 500만 개에 이르는 초대형 O2O 업체로 재탄생했다.

차이나 이노베이션

중국에서 이용자 1억 명에 도달하는 시간

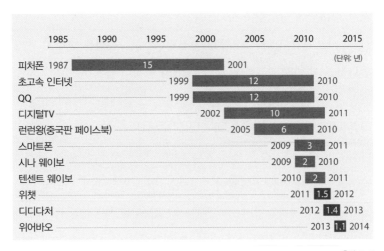

출처: PwC

신저인 QQ 역시 1억 명의 이용자를 모으는 데까지 12년이 걸렸다. 하지만 2010년을 전후로 상황이 달라지기 시작했다. 소득 증가에 따라 내수시장이 커지고 신기술 수용도가 높은 세대가 주력 소비층으로 편입되었기 때문이다. 이에 따라 2009년에 출시된 스마트폰은 3년 만에 이용자 1억 명에 도달했다. 심지어 차량공유 업체인 디디다처滴滴打车와 온라인 머니마켓펀드인 위어바오는 이용자가 1억 명에 도달하기까지 걸린 시간이 각각 1.4년과 1.1년에 불과했다. 마찬가지로 중국판 우버Uber인 디디추싱滴滴出行이 전국 단위의 서비스를 제공하는 데 걸린 시간이 3년이었던 데 반해 자전거공유서비스인 모바이크는 불과 1년 만에 전국 서비스를 실시했다. 참고로 디디추싱은 알리바바가 투자한 콰이디다처快的打车와 텐센트가 투자한 디디다처가 2016년에 합병한 회사다.

빠르게 성장하는 시장은 기업의 실패 가능성을 낮추고 혁신 친화적인 환경을 조성한다. 중국 경제의 몸집이 급속히 커지면서 수요와 공급이 엇갈리는 빈 공간이 생기고, 그 틈새를 메우기 위해 수많은 벤처기업들이 다양한 비즈니스 모델과 혁신적인 제품 개발에 나서고 있다. 지역 간은 물론 지역 내에서도 서로 다른 발전 단계가 공존하다 보니 혁신의 토양이 되는 불균형과 불일치가 무수히 나타났다. 말이 틈새시장이지 중국의 틈새시장은 웬만한 유럽 국가의 주력 산업 규모에 비견될 만큼 크다. 예를 들어 중국의 O2O 음식 배달 시장은 폴란드와 그리스의 자동차 시장을 합친 것보다 크다. 이처럼 빠르게 성장하는 시장에서는 실패할 것을 두려워해 아무것도 하지 않는 것만큼 어리석은 일이 없다. 기업 입장에서 실패할 확률이 높더라도 무언가 새로운 것을 추진해보는 것이 가만히 있다가 도태되는 것보다 덜 위험하다. 더욱이 중국에서 대부분의 산업들이 아직 성숙 단계에 접어들지 않았고 누구도 장기적으로 확실한 우위를 점하지 못한 까닭에 기업들은 끊임없이 새로운 제품과 서비스를 내놓으며 공격적인 경영을 펼칠 수밖에 없다. 이뿐만 아니라 핵심 인재의 이직이 잦아 기술 노하우가 전이되는 속도도 매우 빠르다. 중국 시장은 로컬 기업뿐 아니라 글로벌 기업들이 승자가 되기 위해 기업의 존폐를 걸고 각축을 벌이고 있는 전쟁터다. 기술이든 비즈니스 모델에서든 확실한 경쟁력이 없으면 지속적인 우위를 점하기 어렵

중국 경제의 몸집이 급속히 커지면서 혁신적인 비즈니스 모델을 가지고 틈새시장을 공략하는 벤처기업들도 늘고 있다. 대표적인 예가 중국의 O2O 음식 배달 시장이다.

다. 기업들이 치열한 경쟁 환경에 노출되면서 혁신을 추구하려는 유인이 크게 작용하는 것이다.

혁신의 견인차, 왕성한 기업가 정신

경제발전의 동력을 '창조적 파괴creative destruction'로 본 경제학자 조지프 슘페터Joseph Schumpeter는 시장에 새로운 가치를 창조하는 혁신의 주체로 '기업가 정신entrepreneurship'을 꼽았다. 불확실성과 위험을 무룹쓰고 이윤을 추구하고자 하는 기업가의 모험적이고 창의적인 정신이 경제발전에 그만큼 중요하다는 뜻이다.

이는 현재 중국에서도 마찬가지다. 중국의 기업가 정신은 정치 개혁이 제자리걸음을 하고 있는 상황에서 중국 사회 전반에 새로운 변화의 바람을 불어넣고 있는 거의 유일한 요인이다. 중국 기업가들은 불굴의 도전 정신을 바탕으로 과감하게 위험을 감수하고 시장 기회를 날카롭게 포착하며 놀라운 성장 신화를 일궈냈다. 기존의 성장 경로를 답습하는 것이 아니라 끊임없이 새로운 전략과 방법을 모색했다. 실제로 중국의 기업가들을 보면 중국이 사회주의 체제라는 것을 느끼기 어려울 만큼 새로운 아이디어에 개방적일 뿐만 아니라, 경영 방식에 있어서도 매우 유연하고 실용적인 태도를 지니고 있다. 알리바바의 마윈 등 중국을 대표하는 기업가들은 자신의 기업을 글로벌 반열에 올려놓겠다는 야망을 품고 있으며 그것을 달성하기 위해 어떠한 위험도 감수하겠다는 태도를 갖고 있다. 동시에 사람들의 일상을 효율적으로 바꾸고 사회가 보다 긍정적인 방향으로 진보하는 데 기여하는 것을 사회적 책임으로 인식하고 있다.

또한 테슬라의 일론 머스크Elon Musk와 아마존의 제프 베조스Jeff Bezos가 스타트업을 키워 거대한 부를 일군 뒤 새로운 창업에 나서듯이, 중국의 기업가들도 자신의 성공 경험과 든든한 자본력을 바탕으로 끊임없이 새로운 사업에 도전하고 있다. 이들의 기업가 정신과 도전 정신은 해당 산업의 투자 지형을 바꾸고 있을 뿐만 아니라, 제2의 알리바바와 샤오미Xiaomi를 꿈꾸는 수많은 젊은이들에게 빠르게

출처: 차이나데일리(China Daily)

중국 스타트업의 메카인 베이징의 '중관춘'(위)과 하
드웨어의 실리콘밸리로 불리는 선전의 '난산'(아래).
이곳에서 수많은 대학생들이 참신한 생각과 뛰어난
기술력을 가지고 창업 전선에 뛰어들고 있다.

확산되고 있다. 실제로 중국 스타트업의 메카인 베이징의 중관춘中關村과 하드웨어의 실리콘밸리로 불리는 선전의 난산南山 등에서는 수많은 대학생들이 참신한 생각과 뛰어난 기술력을 가지고 창업 전선에 뛰어들고 있다. 중국의 고성장기에 청소년기를 보낸 이들은 성공을 향한 강한 열망과 미래에 대한 낙관적인 믿음을 바탕으로 미래의 혁신적인 기업가를 꿈꾸고 있다. 중국 정부도 창업을 활성화하기 위해 각종 지원책과 규제 개혁안을 쏟아내고 있다.

기업가 정신의 어벤저스

중국의 기업가 정신을 대표하는 인물들은 너무나도 많다. 중국의 삼성으로 불리는 화웨이의 설립자 런정페이任正非는 1987년에 선전에서 단돈 2만 위안으로 설립한 회사를 현재는 세계 최대 통신장비 업체이자 세계 3위 스마트폰 업체로 키워냈다. 중국의 '살아 있는 전설'로 불리는 레노버의 창업자 류촨즈柳傳志는 41세에 중국과학원의 창업지원금 20만 위안으로 경비초소 건물에서 레노버의 전신인 렌상聯想을 설립했다. 이후 2005년에 IBM의 PC부문을 인수하며 세계최대 PC 업체로 발돋움했고, 2014년에는 구글로부터 모토로라Motorola를 사들였다. '샤오미제이션Xiaomization (모든 제품의 샤오미화)' 바람을 일으키고 있는 샤오미의 레이쥔雷軍은 회사 설립 4년 만에 중국 스마트폰 시장점유율 1위를 달성한 바 있다. 그는 단순히 스마트폰 제

차이나 이노베이션

출처: 각 사 홈페이지

주부 사원에서 CEO 자리까지 오른 둥밍주 회장(왼쪽)은 거리전기를 25년 만에 글로벌 500대 기업의 반열에 올려놓았고, 애플·삼성·화웨이 등 스마트폰 업체에 특수 유리를 공급하는 란쓰커지의 저우췬페이 회장은 2017년 〈포브스〉가 선정한 자수성가형 중국 여성 부호 1위에 올랐다.

조에 만족하지 않고 모바일을 플랫폼으로 한 거대한 샤오미 생태계를 구축하고 있다. 주부 사원에서 시작해 11년 만에 CEO가 된 전자업계의 신화적인 인물 둥밍주董明珠 거리전기格力电器 회장과 시계유리 공장 여공에서 중국 최고 여성 부호로 자리매김한 저우췬페이周群飛 란쓰커지藍思科技 회장도 빼놓을 수 없다.

세계 최대 가전 업체 하이얼의 장루이민张瑞敏 회장에 관해서는 좀 더 자세히 살펴볼 필요가 있다. 장루이민은 중국에서 가장 존경받는 기업인을 꼽을 때 빠지지 않고 등장한다. 그의 별명은 '중국의 잭 웰치Jack Welch'로 〈하버드 비즈니스 리뷰Harvard Business Review〉는 그를 "자본주의 기업가보다 더 자본주의적인 사람"이라고 평가하기

출처: 와튼 글로벌 포럼 베이징 2014(The Wharton Global Forum Beijing 2014)

세계 최대 가전 업체 하이얼의 장루이민 회장은 중국에서 가장 존경받는 기업인 중 한 명이다. 노동자 출신인 장루이민은 1984년에 작은 냉장고 업체에서 시작해 30여 년 만에 하이얼을 매출액 33조 원, 종업원 7만 명의 글로벌 가전 업체로 성장시켰다.

도 했다. 노동자 출신인 장루이민은 1984년에 작은 냉장고 업체에서 시작해 30여 년 만에 하이얼을 매출액 33조 원, 종업원 7만 명의 글로벌 가전 업체로 성장시켰다.

하이얼의 성장 스토리는 위대한 기업가 정신이 척박한 경영 환경을 어떻게 변모시킬 수 있는지를 보여주는 대표적인 사례다. 하이얼의 전신은 국영기업인 칭다오냉장고靑島電氷箱總廠였다. 장루이민 이 공장장으로 임명되기 전에 이 회사의 재정 상태는 연이은 적자로 파산 직전이었다. 직원들은 멀쩡한 화장실을 놔두고 공장 아무 데서 나 대소변을 봤고, 공장의 비품과 자재를 마음대로 가져갔다. 한마디로 최악의 상황이었다. 장루이민은 무너진 회사 기강을 바로 세우고 업무 효율을 높이는 작업에 돌입했다. 결함이 발견된 불량 냉장고 76대를 전 직원이 보는 앞에서 해머로 산산조각 내버린 사건은 지금도 중국 기업사의 전설로 회자된다. 당시 냉장고 한 대 가격은 800위안이었는데 이는 공장 노동자들의 2년치 월급에 해당하는 금액이었다. 그는 직원들에게 "앞으로 품질 검사에서 합격하지 못한 제품은 시장에 내놓지 않겠다"며 품질에 대한 책임을 강조했다. 하이얼은 1991년까지 냉장고만 생산했지만 1992년부터는 세탁기, TV, 공기정화기를 생산하며 종합 가전제품 생산회사로 탈바꿈했다. 그리고 끊임없는 혁신과 소비자의 필요에 맞는 제품을 출시하며 중국 가전 시장의 넘버원으로 부상했다.

장루이민은 중국 시장 선두에 만족하지 않고 적극적인 해외 M&A(인수합병)에 나섰다. 2011년에 일본의 파나소닉Panasonic으로부터 산요전기Sanyo Electric의 백색가전사업부를 인수했고, 다음 해에는 뉴질랜드의 생활가전 업체인 피셔앤드페이컬Fisher & Paykel을 사들였다. 글로벌 주요 가전 업체들이 ICT · 헬스케어 등 신성장사업 진출을 위해 가전사업 부문을 매각하려 하는 움직임을 적극 활용한 것이다. 그리고 2016년에는 미국의 자존심인 제너럴일렉트릭GE의 가전 부문을 54억 달러에 인수하며 명실상부한 글로벌 가전 업체로 자리매김했다. GE의 기술력과 브랜드 이미지를 토대로 미국 시장을 공략하는 한편, 아시아 · 중동 시장과 중국 본토 시장에서 시장점유율을 확대하기 위해서다.

장루이민이 해외 시장 공략과 함께 공을 들이고 있는 분야는 스마트가전 시장이다. 하이얼은 클라우드·사물인터넷 등 첨단 ICT 기술을 활용한 제품을 만드는 데 상당한 노력을 기울여왔다. 이를 위해 제품 컨셉과 생산 공정을 바꾸는 것은 물론 대대적인 조직 개편도 단행했다. 특히 2013년부터 폐쇄적인 조직 구조를 해체하면서 전체 직원의 30%를 해고하고 그 직원을 다시 사내에서 '샤오웨이小微(매우 작다는 뜻)'라는 소창업자로 나서게 했다. 회사 내 중간 관리층을 없애고 벤처회사를 만든 것이다. 소비자의 수요가 다양해지고 다품종·소량화 시대로 접어들고 있는 상황에서 기존의 조직 구조로는 시장의 변화에 제대로 대응하기 어렵다고 판단했기 때문이다. 실제로 하이얼이 배출한 수많은 스타트업들은 활발한 기업 활동을 벌이고 있으며, 그중 100여 개는 연 매출이 1억 위안(약 170억 원)을 넘을 정도로 크게 성장했다. 이처럼 하이얼은 샤오웨이들을 통해 소비자들을 직접 대면하고 제품의 설계와 제조 과정에 소비자들이 참여하게 함으로써 중국 가전업계에 일대 혁신을 일으키고 있다.

중국 기업가 정신의 역동성은 중국의 부자 순위에서도 잘 나타난다. 사실 중국의 부자 순위는 한국과 매우 대조적이다. 한국 부자 순위의 경우 상위에 있는 사람들은 매년 거의 똑같다. 무엇보다 이들 대부분이 자신의 힘으로 부를 일군 자수성가형이 아니라 세습에 의해 부를 축적한 사람들이다. 그리고 국내 주력 산업이 이미 성숙기에 접어들고 산업 간 경계가 고착화하고 있는 상황에서 자신이 지금껏 해오던 것을 계속하려는 관성에 사로잡혀 있는 경우가 많

차이나 이노베이션

다. 이와 대조적으로 중국의 부자 순위는 매년 바뀐다. 그만큼 시장이 역동적으로 움직이고 있고 산업 간 경쟁이 치열하게 이루어지고 있다는 뜻이다. 실제로 2000년대 중반만 해도 중국의 부자 순위에는 부동산, 제조업에 속한 기업의 CEO가 대부분이었지만, 2010년 이후에는 전자상거래, 모바일 등 IT 업종에 속한 CEO가 상위권을 휩쓸고 있다. 더욱이 상위 30위 안에 오른 사람들이 대부분 자수성가한 인물이다. 이들은 대부분 창업 1세대이기 때문에 기존 사업을 지키려 하기보다는 위험을 감수하고서라도 새로운 사업에 적극적으로 도전하려는 경향이 강하다. 중국의 ICT 기업이 전기자동차, O2O, 엔터테인먼트로 사업 영역을 확장하거나 전자상거래 기업이 핀테크, 인공지능 등으로 발을 넓히는 것도 창업주들의 도전적인 기업가정신이 작동한 결과다.

혁신의 설계자로서의 국가

중국은 2010년에 미국을 제치고 세계 최대 제조업 생산국이 되었고, 2015년 기준으로 세계 1위 수출 품목이 독일보다 3배 가까이 많을 정도로 기술력과 시장점유율이 급성장했다. 기본적으로 이는 민간기업의 눈부신 기술 혁신이 뒷받침되었기 때문이다. 전체 R&D 투자 재원의 75%가 민간기업에서 나오고 연구 인력과 특허 출원도 대부분 민간기업에서 나온다. 하지만 이러한 민간기업의 성공 이면에는 제조대국을 넘어 제조강국으로 도약하려는 중국 정부의 일관된 산업 정책과 강력한 재정 지원이 자리 잡고 있다.

2001년 WTO에 가입한 중국은 제조업 발전에 매진하면서 풍부한 노동력과 거대한 시장을 앞세워 단숨에 세계의 공장으로 부상했다. 하지만 여러 가지 면에서 취약점이 많았다. 선진 기술에 대한 모방에 의존하다 보니 핵심 기술이 부족했고 혁신을 실현하는 전략도 딱히 없었다. 전체 중국 수출(특히 하이테크 산업)에서 외자기업이 차지하는 비중이 컸지만 핵심 기술이 국내 기업에 이전되는 효과는 기대에 미치지 못했다. **리버스 엔지니어링**을 통해 기술을 체득하는 데도 한계가 있었다. 여기에 과잉생산과 임금 상승, 환경오염과 지적재산권 분쟁 등 갖가지 어려움에 부딪히면서 중국 정부는 정책 노선을 전면 재검토하게 된다. 그리고 그 결과물이 다름 아닌 혁신국가로의 전환이다.

이 같은 방향 전환의 시발점은 중국 정부가 2006년에 수립한 '국가 중장기 과학기술 발전 계획(2006~2020년)'이었다. 이 계획에서 중국 정부는 2020년까지 혁신 사회로 전환하고 2050년까지 과학기술 분야의 글로벌 리더가 되겠다는 목표를 세웠다. 한마디로 과학기술 발전을 통해 '혁신형 국가'로 거듭나겠다는 것이다. 이후 중국에서는 많은 변화가 일어났다. 자주창신自主創新(독자기술

리버스 엔지니어링
reverse engineering

'리버스reverse'는 반대로 한다는 뜻으로, 리버스 엔지니어링이란 기존에 완성된 제품을 분석해 해당 제품의 설계 개념과 기술적 원리를 파악하고 재현하는 것을 말한다. 즉, '설계 개념 → 개발 작업 → 제품화'의 통상적인 추진 과정을 거꾸로 수행하는 학문이다. 중국이 선진국 제품을 모방할 때 사용하는 방식이다.

개발 장려 정책)의 전제조건인 지적재산권 제도가 정비되었고, 과학기술에 대한 정부의 지원이 대폭 확대되었다. 민간기업의 R&D 투자도 빠르게 늘어났다. 가시적인 성과가 금세 나타난 것은 아니었지만 중국 정부는 특유의 뚝심으로 장기적인 계획을 꾸준히 밀어붙였고, 지방정부들도 중앙정부의 목표치에 부합하기 위해 경쟁적으로 혁신 산업을 육성했다. 이 과정에서 일부 거품이 발생하기도 했지만, 중앙정부는 시장이 일정 수준으로 커지고 경쟁력 있는 승자가 등장할 때까지 재정적·제도적 지원을 아끼지 않았다. 그리고 이후 해당 산업이 자생력을 갖췄다고 판단될 때 규제를 강화해 시장의 옥석을 가리는 방식으로 신성장 산업을 육성했다. 단적인 예로 최근 중국에서 불고 있는 전기차 구매 열풍은 중국 소비자들이 갑자기 친환경 의식을 갖게 되어서가 아니라, 중국 정부가 단기적인 거품의 부작용을 감수하고서라도 전방위적인 전기차 지원 정책을 펼쳤기 때문이다. 중국 정부는 중장기 산업 정책을 수립해 시장의 예측 가능성을 높였고, 각종 보조금과 세제 혜택, 인프라 구축을 통해 제조기업과 소비자에게 국가가 전기차 육성에 올인한다는 명확한 신호를 보냈다.

　　일각에서는 중국 제조업 위기론을 제기하고 있지만, 이 역시 보다 긴 호흡에서 바라볼 필요가 있다. 세계 경기 둔화와 제조업체 간 경쟁 심화로 중국이 더 이상 저임금·저기술에 의존한 산업구조로는 버티기 힘든 단계에 이르렀다는 것은 부인할 수 없는 사실이다. 하지만 중국이 이에 대해 손놓고 있다고 생각한다면 큰 착각이다. 중국 정부는 장기적으로 중국의 제조업 경쟁력을 세계 최고 수준으로 끌어올리려는 구체적인 액션플랜을 갖고 있다. 낙후되고 경쟁력이 없는 부문은 과감히 퇴출시키고, 선진국 수준의 스마트한 제조업으로 산업구조를 개편하려는 것이다. 중국 정부는 제조업이 산업 경쟁력의 근간이라는 사실을 잘 알고 있다. 따라서 혁신을 통해 제조업 경쟁력을 강화함으로써 제조업의 위기에 대응하고 있다. 이를 실현하기 위해 내세우고 있는 계획이 다름 아닌 '중국제조 2025'다. 독일의 산업 정책인 '인더스트리 4.0'을 벤치마킹한 이 계획은 리커창李克强 총리가 2015년 **양회**에서 제시한 개념으로, 중국이 2025년까지 제조 강국 대열에 진입하고 2035년까지 혁신 능력과 글로벌 경쟁력을 갖춘 뒤 건국 100주년이 되는 2049년에 세계 선두의 제조 강국으로 도약한다는 중장기 국가 전략이다. 중국제조 2025의 서문에서 "세계 대국의 위치에 올랐지만 중국의 제조업은 크되 강하지 못하다大而不强. 제조업 업그레이드와 추월跨越 발전이 우리의 절박한 과제다"라고 언급한 것은 중국 정부의 현실 진단과 야심을 잘 드러낸다.

중국제조 2025에서 선정된 10대 중점 산업은 차세대 IT, 고정밀 수치제어 및 로봇, 항공우주 정비, 해양 장비 및 첨단기술 선박, 선진 궤도 교통 설비, 에너지 절약 및 신에너지 자동차, 바이오의약 및 고성능 의료 기기 등으로 12.5규획＋二五規划(12차 경제개발 계획, 2011~2015년)에서 지정된 7대 신흥 산업과 크게 다르지 않다. 항공우주 장비, 해

양회两会

중국에서 매년 3월에 개최되는 '전국인민대표대회全國人民代表大會'와 '전국인민정치협상회의中國人民政治協商會議'를 통칭하는 용어로, 양회를 통해 중국 정부의 정책 방향과 운영 방침이 정해진다.

중국제조 2025 10대 중점 산업

산업	세부 내용
차세대 정보기술	• 집적회로 및 전용 설비 • 정보통신 설비 • 운영체제(OS) 및 공업용 소프트웨어
고급 수치제어 공작기계 및 로봇	• 고급 수치제어(NC) 공작기계 • 공업용 로봇, 특수 로봇, 서비스형 로봇 등
항공우주 설비	• 항공 설비(대형 항공기, 간선 항공기, 헬기, 무인기 등) • 우주 설비(탑재 로켓, 신형 위성, 유인 우주기술 등)
해양 엔지니어 설비 및 첨단 선박	• 해양 엔지니어 설비 기술(해양 탐사, 자원 개발 등) • 첨단 선박 기술(크루즈, 액화천연가스 선박 등)
선진 철도교통 설비	• 신소재, 신기술, 신가공 응용 • 안전 관리 및 에너지 절약 시스템 • 제품의 경량화, 모듈화, 시스템화
에너지 절약 및 신에너지 자동차	• 전기자동차, 연료전지 동력 자동차, 저탄소 자동차 • 핵심 기술(고효율 내연기관, 첨단 변속기, 경량화 소재, 스마트 제어 등)
전력 설비	• 고효율 석탄전력 정화 설비, 수력 및 원자력 발전, 중형 가스터번 등 • 신재생에너지, 에너지 저장 설비 등
농업기계 설비	• 첨단 농기구 및 핵심 부품
신소재	• 특수 금속, 고성능 구조 재료, 기능성 고분자 재료 등 신소재
바이오 의약 및 고성능 의료기기	• 바이오 의약(중대 질병 치료 약품, 바이오 기술 응용 신의약품 등) • 고성능 의료기기(영상 설비, 의료용 로봇 등) • 첨단 의료 기술(3D 바이오프린터, 다기능 줄기세포 등)

출처: 중국 국무원

양 공정 장비 및 고기술 선박 등이 새롭게 추가되었지만 이들은 7대 신흥 산업의 하위 부문에 포함되었던 것들이다. 하지만 차이점도 분명히 있다. 12.5규획에서는 7대 신흥 산업에 대해 산업별로 추진 과제를 제시했다면, 중국제조 2025에서는 모든 산업에 공통적으로 적용되는 전략적 과제를 제시했다. 혁신 능력 제고, 품질 제고, 제조업과 정보화의 결합, 녹색성장 등 4대 공통 과제가 그것이다. 통합된 산업 정책을 집행하겠다는 것이다.

또한 금융 및 세제 혜택 등의 지원은 지속하되 정부가 더 이상 게임 참여자가 아닌 게임 규칙의 제정자rule setter로 역할을 전환해 민간기업과 시장의 역할을 확대하겠다는 기조를 명확히 했다. 만약 중국제조 2025 프로젝트가 성공한다면 중국 제조업은 상당한 경쟁력을 갖게 될 것으로 보인다. 무엇보다 중요한 점은 이 같은 움직임이 경쟁 관계에 있는 우리나라에게 매우 심각한 위협이 될 가능성이 크다는 것이다. 중국제조 2025와 공생할 수 있는 한국판 제조업 육성 정책이 시급한 상황이다.

한편 '인터넷 플러스' 정책은 중국제조 2025와 더불어 중국 산업구조 업그레이드를 이끌고 있는 양대 축이다. 인터넷 플러스는 인터넷, 모바일, 빅데이터 등을 전통 산업과 융합시켜 새로운 산업 생태계를 구축하는 정책을 의미한다. 이미 글로벌 선두 수준에 도달한 인터넷 비즈니스의 혁신 역량을 전통 제조업과 서비스업까지 확장하겠다는 계획이다. 예를 들어 인터넷과 소매업을 결합(플러스)하면 전자상거래와 O2O 시장이 열리고, 인터넷과 금융이 결합하면 온라

주요 분야별 인터넷 플러스 중점 업무

분야	중점 업무
혁신 창업	• 기업의 IT 기술 응용 수준 제고 • 창업 공간 발전 • 개방형 혁신 발전
제조	• 스마트 산업 로봇, 3D 프린터 등 기술 응용 및 작업 제어 시스템 • 스마트 센서, 클라우드, 산업 애플리케이션 기술 혁신
농업	• 농산품에 대한 품질 안전 추적 시스템 • 재난 및 동식물 질병 예방을 위한 모니터링 시스템 구축
에너지	• 에너지 저장 설비 • 스마트 마이크로 그리드
금융	• 금융 클라우드 플랫폼 구축 • 인터넷 대출, 증권, 보험, 펀드 판매
환경	• 지역별 대기 질, 음용수, 토양 등 환경 데이터 전송
물류	• 스마트 창고 저장 시스템 • 운송 정보 서비스
전자상거래	• 농촌 전자상거래 기반 확대 • 에너지, 화학, 의료 등 분야에서의 전자상거래 활성화 • 국제 간 협력 강화
사회 서비스	• 정부 공공 데이터 개방 • 응용 플랫폼 개발 • 의료 서비스 개선

출처: 중국 국무원

인결제와 인터넷은행이 발전한다는 그림이다.

사실 인터넷 플러스의 개념은 정부가 아닌 민간에서 먼저 제기되었다. 2012년 ICT 시장조사기관인 이관즈쿠易观智库의 위양於揚 회장이 인터넷과 전통 산업의 융합을 뜻하는 인터넷 플러스라는 용어를 처음 언급했고, 2013년에는 텐센트의 마화텅 회장이 인터넷 플러스를 통한 산업 혁신과 융합 촉진을 내세웠다. 이후 2015년에 리커창 총리가 인터넷 플러스 전략을 공식적으로 천명하면서 인터넷 플러스는 중국 경제의 핵심 화두로 떠올랐다. 이는 중국 정부가 경제 및 산업구조의 혁신을 어떻게 이끌어가는지를 보여주는 전형적인 사례다. 특히 4차 산업혁명과 관련해 금지된 것 외에는 모두 허용하는 네거티브식negative- 규제를 적용했다. 규제의 득실을 판단하기 어려운 경우 일단 규제하지 않고 시장이 커질 때까지 기다렸다가 문제가 발생하면 사후적으로 규정을 마련하는 방식을 취한 것이다. 중국 ICT 혁신의 촉발제가 되었던 전자상거래 분야와 뒤이어 성장한 핀테크, 차량공유 서비스, 전기차 부문 모두 이 같은 방식으로 접근했다. 이에 따라 민간기업들은 정부의 눈치를 보지 않고 마음껏 새로운 시도를 해볼 수 있었다. 사실 이처럼 혁신에 친화적인 환경은 이른바 포지티브식positive- 규제 정책을 취하고 있는 한국과 극명한 대조를 이루는 부분이다. 한국에서는 규정에 없는 사업이 원천적으로 불가능하기 때문에 수많은 사업 아이템들이 시도조차 되지 못하고 사라지고 있다.

중국 정부는 인터넷 플러스 전략을 입안할 당시 ICT 산업 중

중국 전자상거래 시장 거래 규모

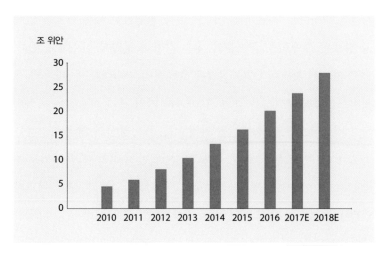

조 위안

출처: 아이리서치

전자상거래 시장이 두드러지게 성장하자, '인터넷+유통 액션플랜^互
联网+流通 行动计划'을 발표함으로써 시장의 성장을 뒷받침해주는 역할에
초점을 맞췄다. 이후 중국의 전자상거래 시장은 폭발적인 성장세를
거듭하고 있다. 2011년에 6.4조 위안이던 전자상거래 규모는 5년 후
인 2016년에 20.2조 위안을 기록했으며, 2018년에는 28조 위안을 넘
어설 것으로 전망된다. 전 세계를 뒤흔들고 있는 알리바바, 텐센트,
샤오미 등 중국의 ICT 기업들이 빠르게 성장할 수 있었던 배경에는
이처럼 중국 정부의 효과적인 정책적 지원이 크게 작용했다.

　　인터넷 플러스에 중추적인 역할을 하는 O2O 산업도 빼놓을
수 없다. 인터넷과 전통 산업이 만나는 접점에서 O2O 산업이 시작

되기 때문이다. 현재 중국의 O2O 시장은 기술 혁신과 방대한 내수 시장을 바탕으로 빠르게 성장하고 있다. 불필요한 유통 단계를 없애고 잠재된 구매력을 끌어올려 내수 경기 활성화에 일조하고 있다. 앞서 언급한 것처럼 O2O 산업은 효율적인 자원 배분을 가능케 해 서비스산업의 생산성을 높일 뿐 아니라 기업 관리 시스템을 최적화하고 비즈니스 모델의 혁신을 가져오고 있다. 중국의 최대 차량공유 업체인 디디추싱은 글로벌 차량공유 업체인 우버의 중국 사업부(우버차이나)를 인수하면서 중국 시장을 사실상 장악했다. 뿐만 아니라 인터넷 플러스는 음식 배달, 헬스케어, 농업, 금융 서비스 등 다양한 분야에서 중국 경제구조 혁신에 지대한 공을 세우고 있다.

중국이 일관된 정책을 집행할 수 있는 이유

중국의 국가 정책은 연속적이다. 그 이유는 간단하다. 정치 지도자들이 민주주의 체제와 같이 정책 경쟁을 거쳐 국민투표로 선출되는 것이 아니기 때문이다. 중국의 정치 지도자는 형식적으로는 전국인민대표대회 선거를 거치지만 실질적으로는 개인의 역량과 공산당 내 역학관계를 고려해 선정된다. 또한 현 지도부는 전임 정부에서도 국가부주석과 같은 요직을 차지하며 운명공동체가 된 인물들이다. 전임 정부의 국정 운영과 정책 결정 과정에 이미 깊숙이 개입되어 있는 것이 당연지사다. 그렇다고 현 지도부가 전임 정부와 차별성이 없는 것은 아니다. 각 시기별로 중국이 직면한 도전 과제가 다르고 그에 대한 지도부의 우선순위가 다르기 때문이다. 문제를 인식했다 하더라도 중국 내부에 이를 해결할 수 있는 역량과 여건이 갖춰져 있는지에 따라 접근 방법이 달라진다. 또한 전임 지도자와 차별화된 모습을 보여줘야 한다는 정치적 동기도 작용한다. 따라서 역대 중국 정부의 정책은 큰 흐름에서는 연속성을 유지하면서도 정권별로 그 강조점과 구체성이 일정하게 차별성을 띤다.

04

모든 혁신은
스타트업에서 시작된다

중국이 '제조대국'에서 '창업대국'으로 탈바꿈하고 있다. 경제성장률이 둔화하고 경제구조가 바뀌면서 중후장대重厚長大형 산업이 위축되고 있는 반면, 내수시장 확대와 ICT 기술 발전이 결합하면서 작지만 혁신적인 스타트업이 빠르게 성장하고 있는 것이다. 역사적으로 창조적 혁신은 소수의 대기업보다는 다수의 중소기업이 주도해왔다는 점을 고려하면, 이 같은 변화는 중국의 혁신을 가속화하는 데 결정적인 역할을 할 것으로 기대된다. 현재 중국 경제가 어려움을 겪고 있음에도 불구하고 중장기적으로 낙관적인 전망을 유지할 수 있는 이유 중 하나도 중국 스타트업의 역동성과 혁신 역량 때문이다. 현재 글로벌 시장에서 급부상하는 중국 기업들은 거대 국영기업이 아닌 스타트업에서 출발한 경우가 상당수다. 중국의 산업 지형이 지금처럼 다채롭고 역동적인 성격을 갖게 된 것도 중국의 수많은 스타트업이 곳곳에 거미줄처럼 뻗어 있기 때문이다. 전자상거래와 인터넷 등 채널 혁신으로 시작된 중국 스타트업 비즈니스는 2010년 이후 핀테크, O2O, 차량공유 등 콘텐츠 다변화를 거쳐 이제는 인공지능, 가상현실, 증강현실, 빅데이터 등 4차 산업혁명의 최전선에서 눈부신 성장을 거듭하고 있다. 맥킨지글로벌연구소MGI는 "향후 10년간 중국은 글로벌 혁신을 이끌 리더가 되며, 더 빠르고 효율적으로 글로벌 경쟁력을 갖추게 될 것"이라고 전망했다.

알리바바의 마윈, 텐센트의 마화텅, 샤오미의 레이쥔 등 중국 ICT 기업 리더들의 성공 신화는 젊고 유능한 인재들을 창업의 길로 뛰어들게 하는 기폭제 역할을 하고 있다. 그 결과 2017년 6월 기준으로 중국의 '유니콘(기업가치가 10억 달러 이상인 스타트업)' 수는 50개나 된다. 같은 시기 전 세계 유니콘 수가 203개임을 감안하면 중국의 스타트업이 얼마나 강력한 성장세를 보이고 있는지 가늠할 수 있다. 단순한 스마트폰 제조업체가 아닌 투자기획사로서 거대한 생태계를 구축한 샤오미, 중국의 대표적인 핀테크 기업 루진쒀陆金所, Lufax★, 세계 최대 드론 제조업체인 DJI 등이 대표적인 유니콘 기업이다. 중국 기업의 대약진은 세계 최대 가전 박람회인 CES에서도 여실히 드러

★ 중국의 대형 보험사인 핑안보험그룹의 P2P 대출 플랫폼인 루진쒀는 알리바바의 금융 자회사인 앤트파이낸셜과 함께 중국을 대표하는 핀테크 업체다. 2011년 9월에 설립된 이후 P2P, 펀드, 보험 등 영역으로 서비스를 확장해나가고 있으며, 2017년 7월 기준으로 누적 가입자 수가 3,100만 명에 달한다.

차이나 이노베이션

글로벌 상위 30대 유니콘 기업(2017년 11월 기준)

순위	기업	기업가치 (억 달러)	국가	업종
1	우버	680	미국	공유경제
2	디디추싱	500	중국	공유경제
3	샤오미	460	중국	하드웨어
4	메이퇀뎬핑美团点评	300	중국	전자상거래
5	에어비앤비	293	미국	공유경제
6	스페이스X	212	미국	기타 교통
7	팔란티어Palantir	200	미국	빅데이터
8	위워크WeWork	200	미국	시설
9	루진쒀Lufax	185	중국	핀테크
10	핀터레스트	123	미국	소셜
11	플립카트Flipkart	116	인도	전자상거래
12	진르터우탸오今日头条	110	중국	디지털 미디어
13	드롭박스Dropbox	100	미국	소프트웨어
14	인포Infor	100	미국	소프트웨어
15	DJI	100	중국	하드웨어
16	리프트Lyft	96	미국	공유경제
17	스트라이프Stripe	92	미국	핀테크
18	스포티파이	85	스웨덴	소프트웨어
19	스냅딜Snapdeal	70	인도	전자상거래
20	글로벌스위치Global Switch	60	영국	하드웨어
21	그랩택시GrabTaxi	60	싱가포르	공유경제
22	롄자链家	58	중국	전자상거래
23	원97One97	57	인도	핀테크
24	바이스미디어Vice Media	57	미국	미디어
25	인타시아Intarcia	55	미국	헬스케어
26	어러머	55	중국	공유경제
27	슬랙테크놀로지Slack Technologies	51	미국	소프트웨어
28	아웃컴헬스Outcome Health	50	미국	헬스케어
29	UIH	50	중국	헬스케어
30	쿠팡	50	한국	전자상거래

출처: CB인사이츠(CBinsights)

출처: Montgomery Community Media

CES 2017의 드론 업체 부스 전경. 세계 최대 가전 박람회인 CES 2017에 참가한 3,800개 기업 중 3분의 1가량이 중국 업체였는데, 이들 대부분은 혁신 기술로 무장한 중국 벤처기업들이었다.

난다. 단적으로 'CES 2017'에 참가한 3,800개 기업 중 3분의 1가량이 중국 업체였는데, 여기에는 화웨이, 하이얼 등 대기업도 있었지만 혁신 기술로 무장한 중국 벤처기업이 대부분이었다.

중국 정부 역시 창업 붐을 확산시키기 위해 적극 나서고 있다. 기존 성장동력 고갈과 산업 구조조정 과정에서 발생한 충격을 완화하기 위해 새로운 성장동력을 모색하려는 것이다. 2015년 3월 전국인민대표회의에서 리커창 총리는 '대중창업, 만중혁신大众创业, 万众创新'을 천명하며 일반 대중이 주도하는 창업과 혁신의 중요성을 강조했다. 중국 정부 역시 각종 규제를 개혁하고 지원을 확대함으로써 창업이 중국 경제의 혁신을 추동하고 일자리를 창출하는 원동력이 될 수 있도록 정책 역량을 집중했다.

대표적으로 공상등기제도工商登记制度 개혁★을 들 수 있다. 예전에는 일반 대중들이 좋은 아이디어가 있어도 자본이 부족하거나 행정절차가 복잡해서 창업을 하지 못하는 경우가 많았다. 이 같은 상황을 개선하기 위해 중국 정부는 등록자본금 최소 규정(3만 위안)을 폐지하여 1위안만 있어도 창업을 할 수 있도록 했다. 또한 이전에는 창업을 하려면 주관 부서를 방문해 영업허가증, 사업자등록증, 세무등기증을 발급받아야 했기 때문에 상당한 시간과 행정절차 비용이 소요되었고 이와 관련된 부패도 적지 않았다. 타이밍이 중요한 창업 아이템의 경우 정상적인 방법으로는 기업을 설립하는 것조차 어려운 구조였던 것이다. 이에 중국 정부는 앞의 세 가지 서류를 하나로 통합한 '삼증합일三证合一' 제도를 시행하고 160개에 이르는 규제 권한을 지방정부로 이행하는 등 행정절차를 대폭 간소화했다. 물론 중국의 창업 생태계는 이제 막 시작하는 단계이고, 각종 규제들이 여전히 사회 곳곳에 뿌리박혀 있다. 하지만 도전적이고 혁신적인 신생 기업들이 중국 경제에 새로운 활력을 불어넣고 있으며, 이 같은 움직임을 촉진하려는 중국 정부의 노력도 계속되고 있다.

★   과거의 복잡했던 기업 설립 절차를 간소화하기 위해 중국 정부가 실시한 개혁 조치.

인류 역사상 최대의 창업 열풍

중국의 창업 생태계는 이제 막 시작하는 단계지만, 그 규모와 역동성 면에서는 세계 최고 수준이라고 할 수 있다. 현재 '중국의 실리콘밸리'로 불리는 베이징 중관춘에서는 하루에만 수십 개 기업이 새로생겨날 만큼 창업 열기가 뜨겁다. 다음 그래프에서 보듯이 2010년에176만 개였던 중국의 창업 기업 수는 2013년 이후 빠르게 증가하기시작해 2016년에는 553만 개를 기록했다. 중국 전역에서 하루에 1만5,000개가 넘는 기업이 새롭게 탄생하는 셈이다. 중국의 대표적인경제지인 〈제일재경일보第一财经日报〉는 이를 "인류 역사상 최대의 창업 열풍人类历史上最大创业潮"이라고 표현하기도 했다.

중국에서 창업 붐이 확산된 것은 인터넷·모바일 혁명의 영향이 크다. 새로운 아이디어와 첨단 ICT 기술을 접목해 최소 비용으로많은 수요자들을 끌어들일 수 있는 창업 환경이 조성되었기 때문이다. 또한 경제성장이 둔화하는 상황에서 정부가 적극적으로 창업 육성 정책을 추진하면서 젊은 층을 중심으로 취업 대신 창업을 선택하는 비중도 갈수록 높아지고 있다. 청화清华대학의 중국창업연구센터가 2016년 말에 발표한 자료에 따르면 중국 스타트업의 평균 창업비용은 1,889만 원으로 한국(3,115만 원)과 미국(2,040만 원)에 비해 크게 낮은 것으로 나타났다.

벤처캐피털Venture Capital이 창업 기업에 대한 투자를 적극 늘리고 있는 점도 중국의 창업 열풍에 활력을 불어넣고 있다. 사실 중국

중국 창업 기업 수 추이

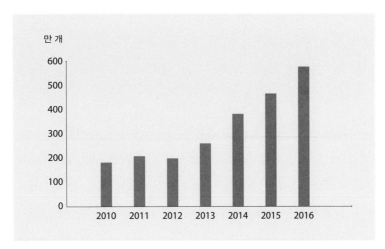

출처: 중국 공상총국

에서 스타트업이 은행 대출을 받는 것은 하늘의 별 따기만큼 어렵다. 대출자금이 대부분 대형 국영기업으로 흘러가는 데다 그나마 중소기업에게 할당된 자금도 담보와 높은 대출이자를 요구하기 때문이다. 이러한 문제점을 해소하기 위해 중국 정부는 400억 위안(6조 8,000억 원)의 국가 창업기금을 조성하는 등 창업 기업들의 자금난을 완화시키기 위해 노력하고 있다. 그러나 중국의 뜨거운 창업 열기를 감안하면 이는 충분한 액수가 아니다. 이런 상황에서 현재 중국에서 활발하게 활동하고 있는 2,000개 이상의 벤처캐피털이 중요한 역할을 하고 있는 것이다.

2016년 중국의 벤처캐피털 투자금액은 2013년 대비 10배 이상 증가한 310억 달러를 기록했다. 이는 글로벌 벤처투자 자금의 25%에 해당하는 규모이며, 한국의 17배에 이르는 수치다. 주목할 만한 점은 최근 투자자금이 몰리는 분야에 변화가 나타나고 있다는 점이다. 즉, 기존에는 투자자금이 O2O, 헬스케어, ICT 부문에 집중되어 있었으나 최근에는 점차 인공지능, 로봇, 사물인터넷 등으로 확대되고 있다. 핀테크, 교육 등도 새롭게 주목받고 있는 분야다.

이 같은 일련의 움직임은 향후 중국 경제를 이끌어갈 신성장동력이 무엇인지를 가늠해볼 수 있는 좋은 선행지표다. 중국 스타트업의 성공 사례들을 살펴보면 중국 정부가 추구하는 산업 발전 방향과 거의 일치한다는 것을 확인할 수 있다. 이에 따라 글로벌 벤처캐피털 역시 중국의 스타트업 열풍에 힘입어 중국으로 쏟아져 들어오고 있다. 특히 타이거펀드Tiger Fund, IDG캐피털IDG Capital, 세쿼이아캐피털Sequoia Capital 등 글로벌 투자기관들은 성장 잠재력이 큰 중국의 전자상거래, O2O 시장에서 탁월한 안목으로 기업을 발굴하고 선제적으로 투자해 좋은 성과를 거두고 있다. 여기에는 자전거공유 서비스의 원조인 중국의 모바이크, 중국 3대 전자상거래 업체 중 하나인 징둥京东, JD.com, 음식 배달 앱인 어러머饿了么 등 현재 몸값이 한껏 높아진 중국 ICT 업체 중 상당수가 포함된다.

이처럼 중국에서 벤처투자가 활발하게 이뤄지고 있는 것은 거대한 내수시장을 기반으로 하여 성장 잠재력이 높은 데다 투자자금을 회수할 수 있는 경로도 IPO(주식 상장을 위한 기업공개), M&A, 지분매각 등으로 다양하기 때문이다. 이와 관련해 중국판 나스닥인 창

차이나 이노베이션

업판创业板의 시가총액은 2012년 말 8,700억 위안에서 2016년 말 5조 2,254억 위안으로 불과 4년 만에 6배나 증가했다. 또한 2013년에 정식 개설된 벤처 전용 장외거래시장인 신삼판新三板에는 1만 개가 넘는 기업이 상장되어 있다. 중국 정부가 적극 추진하고 있는 자본시장 개혁 정책이 창업 육성 정책과 맞물리면서 벤처캐피털 활성화의 전제조건인 크고 다양한 자본 회수 시장이 자리를 잡아가고 있는 것이다.

실제로 컨설팅 업체인 맥킨지에 따르면 중국의 벤처기업이 창업을 해서 IPO와 M&A를 통해 투자자본을 회수하는 데 걸리는 기간은 각각 3.9년, 3.5년에 불과한 것으로 나타났다. 이는 벤처기업의 종주국인 미국보다도 짧은 기간이며, 글로벌 투자자들을 중국 벤처캐피털 시장으로 끌어들이는 강한 유인으로 작용하고 있다. 벤처투자 자금의 회수 방식은 절반가량이 신삼판을 통해 이뤄지고 IPO와 인수합병이 각각 15%와 14%가량을 차지하고 있다. 참고로 한국의 경우 M&A 시장이 활성화되어 있지 않은 데다 각종 규제로 주식시장에 상장되기까지 약 12년이 소요되는 등 투자자본 회수 시장이 제 역할을 하지 못하고 있다. 이처럼 회수 시장이 미약하다 보니 성장 단계에 접어들어도 추가 자금을 지원받기 어렵고, 특정 분야에 벤처기업이 집중된 까닭에 자본 회수가 더욱 어려워지는 악순환에 빠져 있다.

또한 다음 장의 그래프에서 보듯이 중국의 벤처투자는 성장 단계expansion stage에 집중되었던 기존 투자 방식에서 벗어나 최근 들

중국 벤처캐피털 투자 단계별 투자 건수 비중

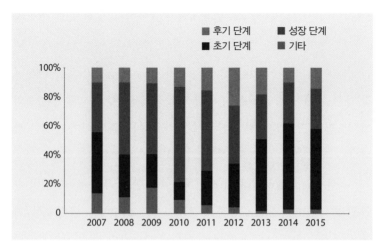

출처: 칭커그룹(淸科集团)

어 빠르게 초기 단계로 옮겨오고 있다. 불과 5년 전인 2010년에만 하더라도 일정한 궤도에 오른 기업에 대한 벤처투자가 주를 이루었고 초기 단계에 대한 투자 건수 비중은 12%에 불과했다. 그러나 2015년에는 초기 단계의 비중이 55%로 급상승했다. 자금 회수 시장이 발달하고 기술 선점에 대한 경쟁이 치열하게 벌어지는 가운데 초기 단계에 대한 투자가 활성화되면서 '창업-성장-회수'라는 선순환 구조가 자리 잡게 된 것이다.

성공한 중국의 ICT 기업과 그 창업자들이 투자에 적극 나서고 있는 점도 중국 스타트업 활성화에 크게 기여하고 있다. BAT(바이두, 알리바바, 텐센트)는 최근 5년간 수백 개의 스타트업에 100조 원

차이나 이노베이션

이 넘는 자금을 투자했다. 2016년에는 중국의 유니콘 가운데 60% 이상이 BAT로부터 투자를 유치했다. 이처럼 중국 스타트업 생태계는 선두권 기업들이 제로섬 경쟁에 매몰되어 있는 것이 아니라 시장점유율 확대와 비용 절감을 위해 끊임없이 협업하며 발전해나가고 있다. 2015년 알리바바의 콰이디다처와 텐센트의 디디다처가 합병해 중국 최대 차량공유 업체인 디디추싱이 탄생했고, 중국의 대표적인 O2O 업체인 신메이다 역시 알리바바가 투자한 메이퇀과 텐센트가 투자한 맛집 리뷰 업체 다중뎬핑이 합병해 탄생한 회사다.

중국 대형 ICT 기업의 창업주들은 청년 창업가들이 자신의 창업 노하우와 플랫폼을 활용할 수 있게 함으로 중국의 벤처 생태계가 선순환하는 데 큰 역할을 하고 있다. 알리바바의 마윈 회장은 2015년 1월 자신의 고향인 항저우에 창업사관학교인 후판湖畔 대학을 설립했고, 이후 알리바바의 자회사인 알리윈은 30여 개 투자회사와 함께 100억 위안 규모의 온라인 창업자금 지원 플랫폼을 만들겠다는 계획을 밝혔다. 샤오미의 레이쥔 회장은 2014년에 후배 창업가 양성을 위해 1억 위안을 들여 숙소와 커뮤니티 공간 등이 구비된 중국 최대 창업 인큐베이팅 시설인 유플러스U+를 만들었고 UC웹UC Web, YY보이스YY Voice, 판커凡客 등 그가 투자한 회사들은 이미 업계 거물로 성장했다. 텐센트의 마화텅 회장 역시 게임 개발, 여행, 전자상거래와 같은 부문의 스타트업에 적극 투자하고 있다. 중국의 대표적인 콘텐츠 기업이자 YG엔터테인먼트에 5,500만 달러를 투자하며 4대 주주로 올라선 웨이잉스다이微影时代는 텐센트의 쌍백계획双百计划★

BAT는 최근 5년간 수백 개의 스타트업에 100조 원이 넘는 자금을 투자했으며, 2016년에는 중국의 유니콘 가운데 60% 이상이 BAT로부터 투자를 유치했다. 이처럼 중국 스타트업 생태계는 선두권 기업들이 제로섬 경쟁에 매몰되어 있는 것이 아니라 시장점유율 확대와 비용 절감을 위해 끊임없이 협업하며 발전해나가고 있다.

을 통해 탄생한 첫 유니콘 기업이다. 나아가 텐센트는 외부 파트너
들과 함께 협력할 수 있는 오픈 플랫폼을 열고 중국 20여 개 도시에
이노베이션 스페이스를 마련하는 등 스타트업 생태계 조성에 적극
나서고 있다.

지방정부의 스타트업 육성 경쟁: 베이징, 상하이, 선전

이러한 창업 열풍에 힘입어 중국 전역에서는 혁신 클러스터가 조성
되고 있다. 중앙정부와 지방정부의 적극적인 지원하에 민간기업들
이 자생적인 창업 커뮤니티를 형성하면서 향후 30년간 중국을 이끌
고 갈 성장 엔진이 만들어지고 있는 것이다. 주목할 만한 점은 중국
의 창업 생태계가 지역별로 차별화된 특성을 지니고 있다는 점이다.
앞서 중국의 소비시장과 마찬가지로 거대함과 다양성을 동시에 지
니고 있다는 점은 중국 창업 생태계의 강점이다.

　　그중 베이징은 대표적인 벤처 창업의 중심지로 꼽힌다. 중
국 전체 벤처캐피털 투자의 30%가량이 베이징에 집중될 정도다. 특
히 베이징 시내에 위치한 중관춘은 중국판 실리콘밸리로 불리며 벤
처 생태계의 산파 역할을 하고 있다. 1988년에 중국 최초로 국가급

★　텐센트가 2014년부터 3년간 100억 위안을 투자해 100개의 스타트업 기업가치를 1억 위
　　안 이상으로 끌어올리겠다는 프로젝트.

하이테크 산업단지로 지정된 이후 각종 국책연구기관과 국가 지정 연구센터 등이 들어서면서 과학기술 클러스터가 형성되었고, 현재는 중국 정부와 베이징 시가 창업 자금, 세제 혜택에서부터 사무공간 임대, 교육·멘토링 등 다양한 분야에서 지원을 제공하고 있다. 무엇보다 중관춘 주위에 베이징대와 칭화대 등 명문 대학들이 위치하고 있어 창업 인재 풀이 넓다. 바이두, 샤오미, 징둥, 레노버 등 중국을 대표하는 ICT 기업들이 중관춘에서 탄생한 것은 결코 우연이 아니다. 이뿐만 아니라 수많은 기업들이 중관춘에 자리 잡으면서 창업 인큐베이팅에서부터 투자 플랫폼, 개방형 창업 공간에 이르기까지 창업과 관련된 커뮤니티들이 자생적으로 생겨났으며, 이는 중관춘의 핵심 경쟁력으로 꼽히고 있다.

중관춘의 중요성은 숫자로도 확인된다. 중국 전체 창업 투자의 3분의 1이 중관춘에서 발생하고 있고, 중국 유니콘의 절반가량이 중관춘에서 탄생했으며, 중국 엔젤투자가의 80%가 중관춘에서 활동하고 있다. 이에 따라 2008년 1조 위안 수준에 머물던 중관춘 입주 기업의 매출액은 2015년에 4조 위안을 넘어섰고, 고용 인원도 200만 명을 초과했다. 이 중 매출이 1억 위안이 넘는 업체만 3,000개에 이른다. 중관춘이 '중국판 실리콘밸리'로 불리는 이유다.

중국의 경제 수도 상하이 역시 창업 생태계 구축에 박차를 가하고 있다. 2015년 상하이 시는 과학혁신도시 발전 계획과 함께 엔젤투자에 대한 세제 혜택, 금융 서비스 모델 혁신, 해외 기술이민 제도 등이 포함된 창업 지원 정책을 발표했다. 또한 장강 첨단기술단

차이나 이노베이션

지 내에 O2O 분야에 특화된 5만 제곱미터 규모의 인큐베이팅 공간을 구축하는 등 다양한 성격의 창업 생태계를 구축하기 위해 3억 위안의 창업기금을 조성했다. 참고로 장강 첨단기술단지는 1992년에 설립된 국가급 하이테크 산업단지로 ICT, 바이오, 문화·엔터테인먼트 등이 주력 산업이다. 이와 함께 2016년에는 스타트업에 대한 엔젤투자를 촉진하기 위해 투자계약 한 건당 최대 300만 위안의 투자 손실을 보상해주는 정책을 내놓았다. 사실 상하이는 베이징만큼이나 우수한 조건을 지닌 도시다. 베이징과 마찬가지로 명문 대학과 연구기관들이 집중되어 있고, 해외에서 귀국한 우수 인력의 25%가량이 상하이에 거주하고 있으며, 증권·은행업 등 금융산업이 중국에서 가장 발달한 지역이기도 하다. 또한 중국 내 기술 창업이 가장 활발하게 이뤄지는 곳 중 하나로 반도체 파운드리foundry (위탁생산) 기업인 SMIC, 중국 최대 여행사인 씨트립Ctrip, 대형 게임 업체인 산다 게임즈盛大游戏 등 중국을 대표하는 기업들이 대거 포진해 있다.

하드웨어의 실리콘밸리로 불리는 선전도 빼놓을 수 없다. 선전 시는 글로벌 물류 거점이자 다품종 소량생산이 가능한 공장형 기업들을 다수 보유하고 있다. 그리고 이 같은 강점을 앞세워 제조도시로서 입지를 확실히 다지고 있다. 세계 최대 전자부품상가인 화창베이华强北 역시 선전에 위치하고 있다. 선전은 GDP의 4%를 R&D에 투입하는데, 이는 중국 전체 R&D 투자 비율보다 두 배 높은 수준이다. 중국의 전체 국제특허출원 가운데 선전이 차지하는 비중이 40%가 넘는 것도 이 때문이다. 중국도시경쟁력연구회中国城市竞争力研究会 가 발표한 '2015년 중국 10대 혁신도시' 순위에서 1위를 차지하면서 2008년 이후 8년 연속 선두 자리를 지키고 있다. 2017년 1월에 세계 최대 가전 전시회 'CES 2017'에 참가한 기업 중 3분의 1이 중국 기업이고, 그중 절반이 선전에 소재한 기업이었다는 사실이 이를 단적으로 보여준다. 통신장비 업체인 화웨이·ZTE, 드론 업체인 DJI, 아이폰의 위탁생산업체로 유명한 폭스콘Foxconn 등도 선전에 위치해 있다. 특히 선전의 난산 구에는 베이징의 중관춘과 쌍벽을 이루는 중국의 대표적인 첨단산업 기술단지가 위치해 있으며 이곳을 중심으로 견고한 혁신 클러스터가 구축되어 있다.

첨단 업종을 중심으로 고소득 일자리가 크게 늘어나면서 난산 구의 1인당 GDP는 홍콩보다 높아졌다. 이처럼 선전이 강력한 하드웨어 제조 기반을 보유하고 있는 까닭에 중국을 비롯한 전 세계 창업가들이 선전으로 몰려들고 있다. 스타트업이 구상하는 제품 컨셉을 싸고 빠르게 시제품화할 수 있고, 제품 개발을 위한 자금 모집과 기술 지원에 이르기까지 쉽게 넘볼 수 없는 경쟁력을 갖추고 있다. 신제품에 대한 아이디어를 시제품으로 만드는 데 실리콘밸리가 두 달이 걸린다면 선전은 일주일이면 충분하다는 말이 있을 정도다. 선전 시 역시 창업 자금·인프라 지원을 비롯해 산학연 네트워크 구축을 통한 협력사업을 추진하는 등 창업 육성을 위한 다각적인 정책을 펼치고 있다.

물론 중국의 창업 열풍에 문제점이 없는 것은 아니다. 단적으로 최근 몇 년간 스타트업 열풍을 이끌었던 O2O 부문 기업들이 문을 닫는 사례가 늘고 있고, ICT 스타트업이 자금 조달에 어려움을 겪는 모습도 나타나고 있다. 이는 차별성 없는 아이템을 내세운 업체들이 우후죽순처럼 생겨난 데다가 오프라인 업체들마저 O2O 시장에 진입하면서 공급 과잉 압력이 가중된 탓이다. 또한 다양한 비즈니스 모델이 융합하고 서비스 지역도 다양하다 보니 규제 사각지대가 발생하고 있는 점도 문제다. 공유경제 생태계 속에서 노무 관계나 이익 배분에 관한 명확한 원칙이 마련되지 않은 데다 보증금 사기, 정보 유출 등의 부작용이 빈번하게 발생하고 있다.

하지만 일부에서 우려하는 것처럼 이를 중국의 창업 황금기가 저물어가고 있는 신호로 보기는 어렵다. 일정한 진통은 겪겠지만 앞으로도 상당기간 ICT 분야의 스타트업이 증가하면서 중국 산업구조의 혁신과 일자리 창출을 이끌어갈 것으로 보인다. 실제로 현금 동원력이 뛰어난 알리바바, 바이두, 텐센트 등 대형 ICT 업체들은 여전히 O2O 사업의 성장 잠재력을 높게 평가하고 있으며 과감한 투자를 이어가고 있다. 이들 기업은 교통, 음식 배달에서부터 금융, 헬스케어, 엔터테인먼트에 이르기까지 오프라인에서 거래되는 대부분의 상품·서비스를 O2O 산업 생태계 속에 통합시키려는 작업에 박차를 가하고 있다.

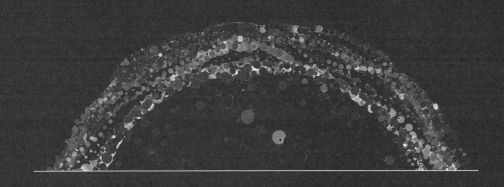

2부

•

중국의 혁신, 세계를 리드하다

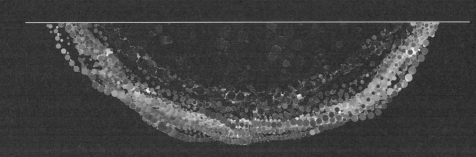

05

중국 혁신의
성공 방정식

시장화를 통한 혁신

모든 기업은 혁신을 추구한다. 치열한 경쟁에서 살아남기 위해선 남들과 다른 자신만의 비교우위를 가져야 하기 때문이다. 하지만 모든 기업이 다 혁신에 성공하는 것은 아니다. 기업들이 보유한 기술 수준과 해당 산업의 성숙도, 기업의 경영 환경과 문화적 배경 등이 상이하기 때문이다. 이런 점에서 중국 기업들이 어떻게 혁신에 성공했으며, 이들이 추구한 혁신이 어떤 특징을 갖고 있는지 살펴볼 필요가 있다.

우선 중국 기업은 '시장화를 통한 혁신innovation through commercialization'에 강점을 갖고 있다. 미국 등 선진국 기업들이 기존에 없던 제품이나 비즈니스 모델을 고안해 수익을 창출하는 이른바 '제로 투 원0 to 1' 방식으로 혁신을 이룬 데 반해 중국 기업들은 선진국에서 이미 검증된 제품이나 비즈니스 모델을 빠르게 모방해 중국 현지 시장에 맞게 적용하는 '원 투 엔드1 to end' 방식에 특화되어 있다. 여기서 '엔드'는 최종 소비자를 의미한다. 기술적인 열세에 있는 중국이 단기간에 선진국을 따라잡기 어렵고 기존의 비즈니스 모델을 중국의 거대한 시장에 맞추어 적용하는 것만으로도 충분한 수익을 얻을 수 있다는 계산 때문이다. 실제로 보스턴컨설팅그룹BCG에 따르면 중국은 혁신적인 발견을 실제 제품으로 전환하는 상업화 단계의 R&D 투자 규모 면에서 이미 미국을 넘어섰다. 다음 그래프에서 보듯이 중국의 상업화 단계 R&D 투자는 2013년에 미국을 앞지른 이후 가파른 성장세를 보이고 있으며 2018년이 되면 미국의 두 배 수준인 6,580억 달러를 기록할 것으로 전망된다.

　　시장화를 통한 혁신에서 가장 중요한 것은 소비자의 수요다. 아무리 기술력이 뛰어나다고 해도 소비자의 특성을 이해하지 못하면 중국 시장에서 금세 도태되고 만다. 통상 글로벌 기업들은 기술력이 향상되는 만큼 혁신이 이루어진다고 보고 좀 더 혁신적인 기술을 개발하는 데 주력한다. 하지만 중국 기업들은 기술 개발의 목표를 소비자들을 만족시키는 지점으로 한정하는 경향이 있다. 언뜻 보면 기술력이나 디자인 면에서 글로벌 기업들이 우위를 갖는 것이 당연해 보이지만, 실제로는 시간이 지날수록 중국 기업들이 시장을 빠르게 잠식한다는 사실을 확인할 수 있다. 스마트폰, 자동차, 인터넷,

　　　　　　　　　　　　　　　　　　　　　차이나 이노베이션

상업화 단계 투자 면에서 미국을 추월한 중국

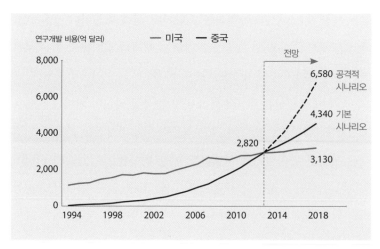

출처: 보스턴컨설팅그룹

가전제품 등이 대표적인 예다.

중국 기업들의 혁신이 기술적 완성도를 높이는 것보다는 소비자의 수요에 부합하는 것에 초점을 맞추고 있다는 것은 맥킨지글로벌연구소의 연구 결과에도 잘 나타난다. 2015년에 맥킨지글로벌연구소는 〈글로벌 혁신에 대한 중국의 영향The China Effect on Global Innovation〉이란 보고서에서 중국의 혁신을 '과학 기반형 혁신', '엔지니어 기반형 혁신', '소비자 중심형 혁신', '효율성 주도형 혁신' 등 4가지로 구분해서 분석한 바 있다. 이에 따르면 중국의 기업들은 진입장벽이 높고 장기 투자와 기술 노하우의 축적이 필요한 과학 기반형/엔지니어 기반형 혁신에서는 아직까지 글로벌 기업들에 비해 경쟁력이 떨어진다. 하지만 소비자들의 불만과 불편을 개선하기 위해 새로운 제품과 서비스를 개발하는 소비자 중심형 혁신이나 생산 프로세스를 개선해 비용 및 시간을 절감하는 엔지니어 기반형 혁신 부문에서는 상당히 우수한 것으로 나타났다.

특히 맥킨지는 중국에서 소비자 중심형 혁신이 뛰어난 성과를 보이게 된 배경으로 중국의 크고 역동적인 소비시장을 꼽았다. 기업들은 사소한 아이디어라 하더라도 이를 받아줄 수 있는 큰 시장이 있으면 위험을 무릅쓰고 새로운 시도를 할 수 있다. 하나라도 성공하면 나머지 실패를 상쇄할 만큼 큰 수익을 얻을 수 있고, 이후 규모의 경제를 실현할 수 있기 때문이다. 중국에서는 이제 막 사업을 시작한 스타트업들도 투자자로부터 높은 밸류에이션valuation (기업가치 대비 주가 수준)을 받아 대규모 자본을 유치할 수 있고, 이를 기반으로 공격적인 투자를 감행할 수 있다. 창업과 혁신이 활발한 온라인 부문은 이러한 경향이 더욱 뚜렷하다.

단적으로 2016년 말 현재 중국의 인터넷 사용자 수는 전년 대비 4,300만 명이 늘어난 7억 3,100만 명을 기록했다. 2016년 한 해동안 새로 증가한 인터넷 사용자 수가 아르헨티나 전체 인구와 맞먹는 수준이고, 전체 인터넷 사용자 수는 미국 인구의 두 배에 이른다. 시장이 워낙 크고 팽창 속도도 빠르다 보니 끊임없이 새로운 시도를 할 수 있고, 기업들은 시제품이 완벽하지 않더라도 이를 개선·보완할 수 있는 여유가 생긴다. 이정동 서울대 교수가《축적의 길》에서 중국의 혁신에 대해 다음과 같이 평가한 것도 같은 맥락이다.

차이나 이노베이션

이처럼 시장이 차별화되면 특이한 개념 설계를 시도한 기업이라 하더라도 작은 틈새시장에서 생존에 필요한 최소 임계 규모의 시장을 확보해서 살아남을 가능성이 있다. 따라서 시장이 크고 극단적으로 차별화되어 있으면 다양성이 높아지게 되고, 그 결과 이들을 재료로 해서 예상치 못했던 혁신적 조합이 탄생할 확률도 높아진다.★

급진적인 혁신보다는 점진적인 혁신

이처럼 혁신의 목적이 기술 자체보다 소비자의 필요를 만족시키는 데 있다 보니 중국 기업들은 급진적인 혁신보다는 점진적인 혁신을 선호하는 경향이 크다. 물론 모바일, 핀테크 등 일부 분야를 제외하곤 급진적인 혁신을 실현할 만한 기술 여건을 갖추지 못한 측면도 있다. 하지만 상당수 분야에서 점진적인 혁신이 의식적으로 추진되고 있는 것을 확인할 수 있다. 사실 급진적인 혁신은 기업의 입장에서 소비자들의 반응을 예측할 수 없는 단점이 있다. 소비자들이 아직 사용해보지도 못한 제품에 대한 수요를 표출하기는 어렵기 때문이다. 이에 따라 중국 기업들은 제품 제작 단계에서부터 판매에 이르는 과정에 고객들을 참여시켜 이들의 의견을 반영한다. 일반적인

★ 이정동, 《축적의 길》, 지식노마드, 2017년, 172쪽.

기업들이 제품을 출시한 이후에 고객들의 반응과 문제점을 파악해 다음 모델에 반영하는 것과 대조적이다.

하지만 중국의 혁신이 점진적이라고 해서 반드시 변화가 느리게 일어난다는 뜻은 아니다. 수많은 혁신들이 누적되면서 진행되기 때문에 중장기적으로 급진적인 혁신보다 오히려 더욱 큰 변화를 초래하는 경우가 적지 않다. 방대하고 역동적인 시장 덕분에 점진적인 혁신이라 하더라도 변화의 시간이 크게 단축되고 파괴력이 커질 수 있는 것이다. 단적으로 제약회사들의 임상실험을 들 수 있다. 예산과 샘플 확보의 어려움 때문에 글로벌 제약회사들이 소수의 지역에서 순차적으로 테스트를 진행하는 데 반해, 중국의 제약회사들은 다수의 지역에서 동시다발적으로 테스트를 진행한다. 중국의 대형 의료기관에서 진료받는 암 환자 수는 웬만한 국가의 전체 인구수보다 많다. 첨단 의료기술 발전에 필수적인 보건의료 관련 빅데이터 부문에서 중국의 경쟁력이 높을 수밖에 없는 이유다.

점진적인 혁신의 파괴력을 가장 극적으로 보여주는 사례는 다름 아닌 중국의 고속철도 산업이다. 중국은 고속철도 분야에서 명백한 후발주자였다. 일본은 이미 1964년에 도쿄와 오사카를 잇는 세계 최초의 고속철도를 건설했고, 독일(1971년)과 프랑스(1981년)가 그 뒤를 이었다. 중국은 베이징 올림픽 개막을 앞둔 2008년에 이르러서야 고속철도를 개통했다. 하지만 현재 중국은 전 세계 고속철도 노선의 3분의 2를 차지하고 있을 만큼 세계 최고의 '고속철 강국'이 됐다. 또한 중국은 2017년에 독자적인 기술력을 바탕으로 최고 시속

출처: 뉴차이나(New China)

2017년 6월 운행을 시작한 중국의 최신형 고속철 '부흥호'. 부흥호는 최고 시속 400킬로미터로 달릴 수 있으며, 열차에 사용된 핵심 기술은 모두 중국이 자체 개발한 것으로서 기술력 면에서도 프랑스 등 선진국을 앞질렀다는 평가를 받고 있다.

400킬로미터로 달리는 최신형 고속철 '부흥호復興号' 개발에 성공해 기술력 면에서도 프랑스 등 선진국을 앞질렀다는 평가를 받고 있다.

　　중국이 이처럼 단기간에 고속철도 분야에서 괄목할 만한 성과를 보인 것은 중국 정부가 교통 인프라 확충을 위해 고속철도 산업에 국가적 역량을 쏟아부은 결과다. 중국 정부는 2016년부터 2020년까지 고속철을 포함한 철도 인프라 건설에 3조 5,000억 위안(약 595조 원)을 투입해 중국 대륙을 남북과 동서로 촘촘히 연결하는 '8종8횡' 고속철도망 건설에 박차를 가하고 있다. 이러한 고속철 증설 계획이 완료되면 2020년까지 고속철 구간이 3만 킬로미터로 늘어나고 주

중국 고속철도 건설 현황

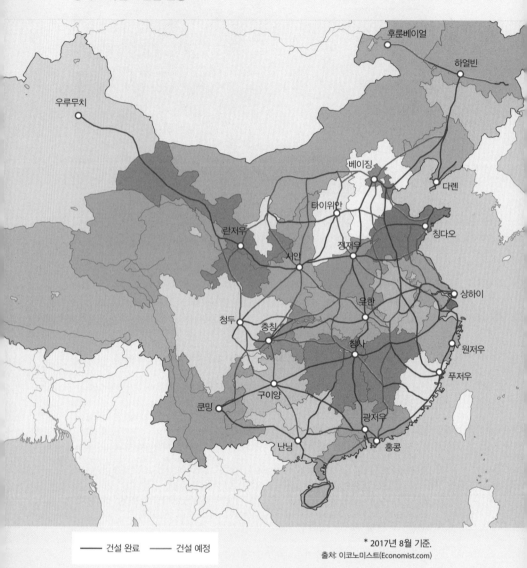

후룬베이얼

하얼빈

우루무치

베이징

타이위안

다롄

란저우

정저우

칭다오

시안

상하이

우한

청두

충칭

원저우

창사

푸저우

구이양

쿤밍

광저우

난닝

홍콩

—— 건설 완료　　—— 건설 예정

* 2017년 8월 기준.
출처: 이코노미스트(Economist.com)

요 대도시의 80% 이상이 고속철로 연결되게 된다. 뿐만 아니라 중국의 고속철도는 21세기판 실크로드인 **일대일로** 사업에서도 핵심적인 역할을 하고 있다. 중국은 높은 기술력과 자본력을 바탕으로 태국, 라오스, 말레이시아 등 동남아 지역에 철도 네트워크를 구축하고 있으며, 헝가리와 세르비아 간 고속철도 건설을 추진하는 등 유럽 무대를 공략하기 위한 움직임을 본격화하고 있다.

일대일로一帶一路, One Belt One Road
시진핑 정부가 국가 전략으로 추진하고 있는 신 실크로드 전략. 중앙아시아와 유럽을 연결하는 육상 실크로드(일대)와 동남아시아와 유럽, 아프리카를 잇는 해상 실크로드(일로)를 복원하고자 하는 사업이다.

중국 정부는 고속철도 산업을 육성하기 위해 캐나다와 프랑스 등 선진국 기업들과 합작회사를 설립하는 한편, 독자 모델을 개발하는 데에도 막대한 자금과 노력을 쏟아부었다. 그 결과 2014년에 고속철도의 양대 핵심 기술로 꼽히는 견인 전송 시스템과 네트워크 제어 시스템을 국산화하는 데 성공했다. 중국 정부가 시장을 내주고 기술을 얻는 시장환기술 정책을 통해 고속철 선진국의 기술을 빠르게 흡수한 결과다. 이에 따라 일반적으로 상당수 국가들이 안전과 통신 등의 이유로 단일 모델의 고속철도를 운행하는 반면 중국에서는 세계 각국의 고속철 모델이 동시에 운영된다. 혁신의 원천인 이종교배hybridization가 활발하게 이루어질 수밖에 없는 것이다.

또한 전 세계에서 가장 긴 중국의 고속철도 구간은 중국의 고속철도 건설 능력뿐 아니라 운영 경험을 향상시키는 일등 공신으로 작용하고 있다. 중국 철도기업들은 광대한 국토와 다양한 기후 조건 속에서 궤도를 설치하고 차량을 운행하며 전력과 신호 설비를 안정적으로 구축하는 노하우를 익혔다. 세계 최초로 영하 40도 이하의 혹한 지대(하얼빈-다롄 구간)★와 세계 최고 높이(해발 4,345m)에 고속철도를 깐 것이 모두 중국 철도기업이다. 방대한 영토와 다양한 자연 조건 속에서 다른 국가들이 경험해보지 못한 환경을 극복하면서 혁신적인 기술과 운영 시스템을 구축하게 된 것이다. 중국 고속철은 이러한 노하우와 가격경쟁력을 바탕으로 미국, 유럽 등 선진국뿐 아니라 아프리카, 동남아시아 등 세계 각지로 수출되며 글로벌 영향력을 확대하고 있다.

'적당히 좋은 것'과 린 스타트업 전략

지금은 사정이 달라졌지만, 10년 전만 하더라도 중국 시장은 글로벌 기업들이 장악한 프리미엄 시장과 중국 기업들이 우위를 점한 저가 시장으로 양분되어 있었다. 높은 기술력과 브랜드 파워로 무장한 글로벌 기업의 제품들과 경쟁하기엔 중국 기업들이 역부족이었기 때문이다. 그렇다고 중국 기업들이 손놓고 있었던 것은 아니다. 중국 기업들은 중국 소비자들의 소비 성향과 특성을 잘 이용했다.

당시 중국인들의 소득수준이 낮았기 때문에 소비자들이 요구

★   러시아와 북유럽 등에도 영하 40도 이하의 혹한 지대에 철도가 깔려 있지만 이는 고속철이 아니라 일반 열차 노선이다.

차이나 이노베이션

하는 품질 수준이 높지 않았고 지불 능력도 매우 낮았다. 중국 소비자들은 가격 대비 성능 즉 가성비가 좋은 제품을 선호했다. 이에 중국 기업들은 글로벌 기업들이 만들어낸 제품과 비교해 가격이 절반 수준이라면 품질이 70% 정도만 되어도 경쟁력이 있다고 판단했다. 그리고 이 같은 전략을 바탕으로 저가 시장에서부터 빠르게 시장점유율을 높일 수 있었다. 소비 경험이 많지 않은 중국 소비자가 처음 사보는 물건에 비싼 가격을 지불하지 않는 점을 고려한다면 이는 당연한 것이었다. 중국 로컬 자동차회사들이 저렴한 SUV(스포츠유틸리티차량)를 앞세워 생애 첫 자동차 구매자들을 공략하고 있는 것도 이와 관련이 깊다.

사실 현재 중국 시장에서 글로벌 기업들이 고전하고 있는 것도 이 같은 중국 소비자들의 성향을 잘 이해하지 못한 탓이 크다. 예를 들어 독일의 에어백 회사는 원가가 높더라도 최첨단 기술이 적용된 에어백을 승용차에 장착하려고 하지만, 중국 기업들은 소비자가 만족할 수 있는 정도에서 가격과 품질을 맞췄다. 이처럼 중국 기업들은 호기심이 많지만 구매력은 그다지 높지 않은 중국의 소비자들을 만족시키는 제조 방식과 마케팅에 최적화되어 있다. 중국의 스마트폰과 가전제품들이 아직 선진국 시장에서는 미미한 시장점유율을 차지하고 있지만, 경제발전 단계와 소득수준이 유사한 동남아 국가나 신흥시장에서 선전하고 있는 것도 이 때문이다.

그렇다고 해서 중국 기업들이 저부가가치 제품에만 머물러 있는 것은 아니다. 중국은 후발주자의 강점을 활용해 빠르게 글로벌

출처: 지리자동차 홈페이지

1986년 냉장고 부품 업체로 출범한 지리는 1997년에 자동차 산업에 뛰어들었다. 2010년 18억 달러에 볼보를 인수할 당시 지리자동차의 자산가치는 140억 위안에 달했다. 글로벌 기업의 기술력과 브랜드, 네트워크를 흡수하며 도약의 발판을 마련한 지리자동차는 현재 중국의 SUV 열풍을 주도하고 있다.

기업들을 따라잡고 있다. 1990년대 이후 기민한 추격 전략을 통해 괄목할 만한 성과를 거둔 한국의 경로를 밟고 있는 것이다. 국가의 전폭적인 지원하에 중국 기업들은 R&D 투자에 막대한 자금을 쏟아 부었고, 글로벌 기업과 합작회사를 만들어 기술력과 경영 노하우를 전수받았다. 또한 공격적인 M&A를 통해 글로벌 기업의 기술력과 브랜드, 네트워크를 한꺼번에 흡수하면서 비약적인 추격을 감행하고 있다. 별 볼 일 없던 지리자동차吉利汽车, Geely는 2010년에 스웨덴의 명품 자동차 업체인 볼보Volvo를 인수한 후 중국의 SUV 열풍을 주도하고 있고, 열악한 기술력으로 고전하던 싼이중공업三一重工은 2012년

차이나 이노베이션

에 독일의 중장비 회사인 푸츠마이스터Putzmeister를 인수한 것을 계기로 굴착기 시장점유율을 두 배로 끌어올렸다.

사정이 이렇다 보니 중국 기업에게 중요한 것은 고품질의 완벽한 제품을 내놓는 것이 아니라 완성도가 떨어지더라도 트렌드에 맞는 제품을 적시에 내놓는 것이다. 시장이 워낙 역동적으로 변하다 보니 완벽한 제품만 고집하다가는 경쟁력을 잃거나 타이밍을 놓치는 경우가 허다하기 때문이다. 따라서 중국 기업들은 아이디어가 있으면 빠르게 시제품prototype으로 만들어낸 뒤 시장의 반응을 측정해 다음 제품 개발에 반영하는 린 스타트업Lean Startup 전략을 선호한다. 시장의 불확실성이 높은 상황에서 잘못된 가정이나 예상을 밀어붙이기보다 그때그때 시장의 요구를 확인해 오류를 수정하는 실용적인 전략을 구사하고 있는 것이다. 이런 전략은 경영진이 마음만 먹는다고 실행할 수 있는 것이 아니다. 기업의 의사결정 구조가 뒷받침되지 않으면 불가능하다. 시장과 일선 업무 현장의 정보가 조직 구성원들에게 신속하게 공유되고, 담당 부서가 수평적이고 유연한 업무 환경 속에서 이를 해결할 수 있는 권한을 갖고 있어야 한다. 한국인들이 생각하기에 중국 기업들이 지시와 복종과 같은 사회주의 특유의 엄격한 위계질서로 운영되고 있을 것 같지만, 중국의 혁신을 주도하는 기업들의 의사결정 구조와 직장 문화의 현실은 정반대다. 젊은 경영진들이 주도적으로 수평적이고 유연한 조직 문화를 조성하고 실무 부서에 과감하게 권한과 책임을 위임한다. 회의 시간에는 직급의 높고 낮음에 상관없이 구성원들이 자신의 의견을 말할 수

중국 기업들은 아이디어가 있으면 빠르게 시제품으로 만들어낸 뒤 시장의 반응을 측정해 다음 제품 개발에 반영하는 린 스타트업 전략을 선호한다. 이러한 전략이 가능한 이유는 현재 중국의 혁신을 주도하는 기업들이 수평적이고 유연한 조직 문화를 조성하고 있기 때문이다.

있고 자유롭게 팀을 꾸려서 새로운 상품이나 서비스를 제시할 수도 있다.

이러한 기업 문화를 잘 보여주는 대표적인 기업이 '대륙의 실력' 샤오미다. 샤오미는 단순한 스마트폰 제조회사가 아니라 공기청정기와 TV, 드론, 로봇청소기 등을 만들어내는 거대한 ICT 플랫폼 회사다. 샤오미는 제품 기획 단계에서부터 제작, 서비스, 판매에 이르는 전 과정에 고객을 참여시키는 것으로 유명하다. 샤오미의 공동 창업자인 리완창黎万强은《참여감》이란 저서에서 "소비자는 단순히 제품을 구경하고 만져볼 뿐 아니라 참여를 통해 브랜드와 함께 성장하고 싶어 한다"고 밝힌 바 있다.

타사에서는 흉내조차 낼 수 없는 '매주 업데이트'를 지속할 수 있는 것도 샤오미 커뮤니티에서 10만여 명의 소비자들이 의견을 개진하고 샤오미가 이를 즉각 반영하는 시스템이 구축되었기 때문이다. 소비자들은 자신의 의견이 반영된 제품에 애정을 느끼며 '미펀米粉(샤오미의 팬)'으로 불리는 충성도 높은 고객층이 되었고 이들은 샤오미가 단기간에 급성장할 수 있게 한 밑거름이 되었다. 이에 따라 샤오미는 규모 면에서는 ICT 공룡 기업이 되었지만, 조직 문화 면에서는 여전히 민첩한 벤처기업처럼 운영되고 있다. 상명하달식 위계질서 속에서는 창의적인 아이디어가 나오기 어렵다고 보고 CEO와 팀장, 엔지니어 직급만 남겨둘 만큼 수평화된 조직 구조를 만든 결과다. 승진을 해도 직위가 아닌 연봉이 올라가도록 했고, 부서가 커진다 싶으면 바로 작은 단위로 나눠 업무의 효율성을 유지하고

중국 현지에서 매년 4월 열리는 '미펀제米粉節' 페스티벌. 이 행사에서는 신제품 공개 및 '미펀'들을 위한 특별 할인 판매 등을 제공한다. 이처럼 샤오미는 자사의 충성 고객층인 미펀을 중심으로 중국 각지에 팬클럽을 조성하고 각종 이벤트를 열고 있다.

있다.

중국 모바일 혁명을 선도하고 있는 텐센트도 마찬가지다. 텐센트는 게임이나 IT 서비스를 정식 출시하기 전에 성별, 연령, 지역별 특성을 고려한 일군의 테스트 참가자들을 뽑아 미리 체험하게 한 뒤 이들의 피드백을 토대로 오류를 수정하고 새로운 기능을 보완한다. 또한 동일한 아이템으로 내부에서 경쟁하는 시스템을 만들어 최종 제품 및 서비스가 최적의 형태로 출시될 수 있도록 유도하고 있다. 내부 경쟁의 승자는 경영진이 아닌 시장의 반응과 일선 개발부서가 결정한다. "급변하는 ICT 산업에서 CEO가 결정하고 실무 부서가 이를 수동적으로 따라오는 방식은 통하지 않는다"는 마화텅 텐센트 CEO의 철학이 반영된 것이다.

차이나 이노베이션

이 과정에서 실패가 없을 리 없지만, 이는 모두 당연히 용인된다. 실제로 국민 메신저로 자리 잡은 위챗 역시 애초에 두 가지 유사한 서비스로 동시에 출시되었으나, 이후 시장의 반응과 사용자 데이터를 면밀히 분석한 뒤 경쟁력과 완성도를 갖춘 제품이 최종 낙점되었다. 시장에서 승리하기 위해서라면 내부 경쟁에 따른 비효율은 얼마든지 감내할 수 있다는 확신이 있기 때문이었다.

06

세계로 뻗어나가는
중국 ICT 공룡들

중국 시장은 세계 시장의 축소판

글로벌 금융위기 이후 세계 시장에서 중국산 상품과 서비스가 차지하는 비중이 가파르게 상승하고 있다. 스마트폰, 자동차, 철강 등에서부터 전자상거래, 모바일결제, SNS 등 ICT 서비스에 이르기까지 업종을 불문하고 중국 기업의 약진이 두드러진 결과다. 실제로 미국 경제지 〈포춘〉이 선정한 '2017년 글로벌 500대 기업' 명단에 이름을 올린 중국 기업은 115개로 2009년 37개에 비해 세 배 이상 증가했다. G2의 위상에 걸맞게 중국의 기업들도 이제 글로벌 기업들과 어깨를 견줄 만큼 성장한 것이다.

　하지만 자세히 들여다보면 중국 기업들은 글로벌 기업과 확연히 다른 방식으로 성장해왔다. 즉, 글로벌 기업들이 전 세계 시장을 무대로 활약하는 반면, 중국 기업들은 대부분의 매출이 중국에서 발생하는 사실상 내수기업에 가깝다. 이에 따라 〈포춘〉의 글로벌 500대 기업에 선정된 중국 기업들도 건설, 인프라, 은행, 통신 등 내수 업종에 속한 국영기업이 대부분이다. 방대한 내수시장을 바탕으로 매출액이 급증하면서 글로벌 무대에서 중국 기업들의 위상이 높아진 것처럼 보이지만, 활동 무대를 놓고 보면 여전히 중국이라는 테두리를 벗어나지 못하고 있는 것이다.

이 같은 모습은 중국의 대형 ICT 기업들 역시 마찬가지다. 이들은 4차 산업혁명을 주도하는 **FANG**에 버금가는 규모와 혁신 능력을 바탕으로 빠르게 성장하고 있지만 중국 이외 지역에서는 존재감이 크지 않다. 다음 그래프에서 보듯이 구글과 페이스북의 경우 해외 매출 비중이 전체 매출의 절반에 육박할 만큼 글로벌화가 상당히 진행된 것과 대조적으로 세계 최대 전자상거래 업체인 알리바바와 중국 최대 검색엔진 업체인 바이두의 해외 매출 비중은 10%도 안 된다. 세계 1위 유니콘 기업인 우버가 70여 개국에서 서비스를 제공하고 있는 것과는 달리, 세계 2위 유니콘 기업이자 중국 최대 차량공유 업체인 디디추싱은 여전히 중국 국내에서만 운영되는 것도 같은 맥락이다. 이뿐만이 아니다. 미국을 대표하는 자동차 업체인 포드Ford는 해외 매출 비중이 40%에 육박하지만, 중국 최대 자동차 업체인 상하이자동차의 해외 매출

FANG

미국 기술주를 대표하는 페이스북(Facebook), 아마존(Amazon), 넷플릭스(Netflix), 구글(Google) 등 4개 사의 머리글자를 딴 용어.

차이나 이노베이션

미국과 중국 기업의 지역별 매출 비중(2016년 말 기준)

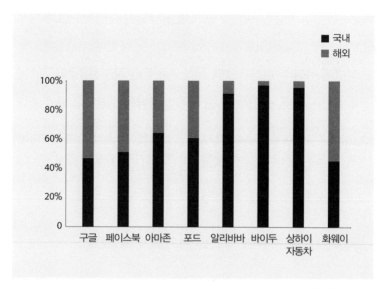

출처: 각 사 연간보고서

비중은 4%에 불과하다. 그나마 세계 3대 통신장비 업체인 화웨이가 54%의 해외 매출 비중을 기록하며 중국 기업들 가운데 예외적으로 높은 수치를 보이고 있다.

그렇다면 한국뿐 아니라 전 세계를 뒤덮고 있는 '중국 위협론'은 과장된 것일까? 중국 기업들의 공세적 확장은 중국 내 '찻잔 속의 태풍'일 뿐 세계 시장에는 별다른 영향력이 없다고 봐야 하지 않을까?

결론부터 말하면 그렇지 않다. 지금까지 중국 기업들이 자국 시장에서 주도권을 잡는 데 주력했다면, 이제부터는 그동안 축적한 기술력과 생산 노하우를 바탕으로 세계 시장에서 글로벌 기업들과 격돌하려는 움직임을 보이고 있기 때문이다. 사실 중국 시장은 주요 글로벌 기업들이 치열하게 경쟁하는 세계 시장의 축소판이라고 해도 과언이 아니다. 따라서 중국 시장에서 높은 시장점유율을 확보한 중국 기업은 해외 시장에서도 충분한 경쟁력을 갖췄다고 봐야 한다. 지금껏 글로벌 기업들이 중국에서 중국 기업들과 경쟁했다면 이제는 세계 시장에서도 이들과 경쟁해야 할 시기가 도래한 것이다.

인도 스마트폰 시장의 절반을 차지한 중국 제품

중국 기업들이 해외로 진출하는 이유는 우선 국내 경제성장률이 둔화하고 주요 산업들이 포화 상태에 이르면서 갈수록 성장 모멘텀을 유지하기 힘들어지고 있기 때문이다. 이 같은 상황을 돌파하기 위해서는 세계 무대로 진출해 새로운 수요를 찾아내는 수밖에 없다. 스마트폰 산업이 대표적인 예다. 2013년만 해도 전년 대비 53%를 기록했던 스마트폰 판매 증가율은 2016년에 8.5%로 급감했다. 중국의 스마트폰 보급률이 80% 이상으로 이미 선진국 수준에 도달한 데다 주요 스마트폰 제품의 성능이 상향 평준화하며 신규·교체 수요가 둔화되었기 때문이다. 뛰어난 가성비와 맞춤형 마케팅을 내세워 내수시장을 평정했던 중국 스마트폰 업체들이 축적된 노하우를 바탕으로 글로벌 시장에 적극 진출하려고 하는 이유다.

차이나 이노베이션

이 같은 전략은 이미 상당한 성과로 이어지고 있다. 2017년 1분기에 샤오미, 오포OPPO·비보VIVO 등 중국 업체들의 인도 스마트폰 시장 점유율은 51.4%를 기록했다. 인도 스마트폰 시장의 절반을 중국산 제품이 차지하고 있는 것이다. 뿐만 아니라 시장조사업체인 칸타월드패널에 따르면 2017년 1분기 기준으로 중국 스마트폰 브랜드의 EU5(영국, 독일, 프랑스, 이탈리아, 스페인) 시장점유율은 22%를 기록했다. 특히 화웨이는 중저가 모델뿐만 아니라 프리미엄 모델이 시장에서 좋은 반응을 얻으며 영국과 프랑스, 독일 등에서 판매량이 늘어나고 있다. 더욱이 표면적으로는 유럽계 브랜드지만 실제로는 중국 업체가 고객사의 요청에 따라 화이트박스 형태로 특정 로고나 문구 없이 제품을 제작하는 경우를 포함하면 유럽 시장에서 중국산 스마트폰의 비중은 더 높을 것으로 추정된다.

무엇보다 중국 기업들의 혁신 역량이 축적되면서 글로벌 ICT 시장에서 과거와 같은 '패스트 팔로워'가 아닌 '퍼스트 무버first mover (선도자)'가 될 수 있다는 자신감을 갖게 된 것이 중요한 요인으로 작용하고 있다. 중국 기업들은 이미 전자상거래, SNS에서부터 가상현실, 인공지능, 드론, 클라우드컴퓨팅 등 다양한 분야에서 글로벌 선두 그룹과 어깨를 견줄 만큼 성장했다. 특히 모바일 분야에서는 실리콘밸리 기업들을 뛰어넘었다. 현재 중국에서는 모바일을 활용한 O2O와 QR코드 결제, P2P 등의 서비스가 보편화하면서 현금 없이 생활이 가능한 이른바 '무현금사회无现金社会'가 도래하고 있다. 뉴욕대 스턴경영대학원 석좌교수인 아닌디야 고즈Anindya Ghose는 "수년 동안 우리는 모든 의미 있는 기술 혁신은 실리콘밸리에서 일어나며, 중국과 다른 나라들은 실리콘밸리를 따라 할 뿐이라고 들어왔다. 하지만 모바일 세계에선 그 반대다. 혁신의 최전선에 서 있는 나라는 중국이며, 실리콘밸리가 그 뒤를 따르는 경우가 흔하다"고 평가했다.★

참고로 중국에서 모바일 부문이 이렇게 발전한 이유는 인터넷이 늦게 보급되면서 PC를 기반으로 한 서비스가 낙후되었기 때문이다. 많은 사람들이 PC보다 모바일로 인터넷을 처음 접하다 보니 텐센트와 같은 중국 ICT 기업들은 애초부터 모바일 환경에 최적화된 서비스를 시장에 내놓았다. PC사업 부문의 기득권이 없다 보니 '모바일 퍼스트mobile-first' 전략을 과감하게 펼칠 수 있었던 것이다. 미국, 한국 등의 많은 기업들이 모바일 서비스를 기존 PC 서비스의 연장선상으로 본 것과 대조적이다.

단적인 예로 텐센트는 PC 메신저인 QQ가 PC부문에서 견고한 시장점유율을 갖고 있음에도 불구하고 모바일에 특화된 메신저 브랜드인 위챗을 새롭게 론칭했다. 이에 반해 페이스북과 트위터는 초기에 PC 인터페이스를 모바일 서비스에 거의 그대로 적용하는 등 상당 기간 PC의 관성에서 벗어나지 못했다. 마이크로소프트Microsoft 역시 모바일 부문의 성장이 이른바 '카니발라이제이션cannibalization(신제품이 기존 주력 제품을 잠식하는 현상)'으로 이어져 주력 사업인 PC부문의 실적을 저하시킬까 봐 과감한 투자를 하지 못했다.

★   아닌디야 고즈, 《탭》, 이방실 옮김, 한국경제신문, 2017, 298쪽.

차이나 이노베이션

급증하는 중국의 해외 기업 M&A

M&A는 중국 기업이 해외 시장에 진출하는 효과적인 방법 중 하나다. 실제 중국 기업들은 막대한 자금력을 바탕으로 글로벌 기업들을 잇따라 사들이면서 선진 기업의 기술력과 브랜드는 물론 글로벌 시장의 선도적인 지위까지 차지하고 있다. 이에 따라 중국의 해외 기업 M&A 규모는 2011년 364억 달러에서 2016년에 2,250억 달러로 급증했다. 최근 들어 중국 정부가 자본 유출과 부채 급증을 우려해 해외 M&A에 대한 규제를 강화하고 있지만, 성장에 목마른 중국 기업들의 확장 본능을 억제하기에는 역부족이다.

중국의 해외 기업 M&A 추이

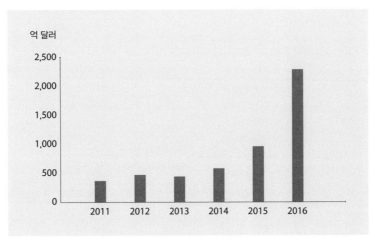

출처: 블룸버그

BAT 주요 투자 및 M&A 현황

바이두	롄자链家	부동산 중개업체
	이처易车	온라인 자동차 판매업체
	아이치이爱奇艺	동영상 플랫폼
	유신중고차优信二手车	온라인 중고차 판매업체
	워마이왕我买网	식품 전문 온라인몰
	디디추싱滴滴出行	차량공유 업체
	후장왕샤오沪江网校	온라인 교육 플랫폼
	추이왕趣医网	인터넷 의료 회사
	e다이시e袋洗	O2O 세탁 업체
	취날Qunar	온라인 여행사
알리바바	유쿠优酷	동영상 플랫폼
	오포OPPO	스마트폰 제조업체
	어러머饿了么	음식 배달 앱
	화이브라더스华谊兄弟	엔터테인먼트 기업
	쑤닝苏宁	유통업체
	웨이징微鲸	TV 제조업체
	디디추싱滴滴出行	차량공유 업체
	시나웨이보新浪微博	SNS 업체
	메이주Meizu	스마트폰 제조업체
	오토내비AutoNavi	내비게이션 업체
	중국우정저축은행 Postal Savings Bank of China(PSBC)	은행
텐센트	슈퍼셀Supercell	게임 개발사
	커우다이거우우口袋购物	소셜커머스
	어러머饿了么	음식 배달 앱
	메이퇀美团	소셜커머스
	모바이크Mobike	자전거공유 업체
	화이브라더스华谊兄弟	엔터테인먼트 기업
	디디추싱滴滴出行	차량공유 업체
	라이엇게임즈Riot Games	게임 개발사
	가레나Garena	게임 업체
	징둥京东	전자상거래 업체
	58통청58同城	생활 서비스 플랫폼

중국 기업들의 투자 대상에도 변화가 나타나고 있다. 몇 년 전만 해도 중국 기업들의 해외 M&A는 아프리카와 호주 등 자원부국의 에너지 부문에 집중되어 있었으며, 교통 물류와 부동산 관련 투자도 활발하게 진행되었다. 하지만 2~3년 전부터 미국과 유럽 등 선진국의 하이테크·금융·제조업에 대한 투자가 빠르게 늘어나고 있다. 이 같은 흐름은 구경제old economy를 떠받치기보다 신경제new economy를 육성하겠다는 중국 정부의 의도에 부합하는 것이다. 특히 중국 ICT 업계를 대표하는 BAT는 공격적인 인수합병을 통해 사업 영역을 빠르게 확장하고 있다. 텐센트는 2015년에 세계 1위 온라인게임인 '리그오브레전드LOL'를 개발한 미국의 라이엇게임즈Riot Games를 인수한 데 이어 2016년에는 글로벌 최대 모바일게임 업체인 핀란드의 슈퍼셀Supercell을 86억 달러에 인수했다. 자사의 특색에 맞는 플랫폼 생태계를 구축하고 새로운 성장동력을 발굴하기 위해 해외 기업 사냥에 적극 나서고 있는 것이다. 이들 기업들의 M&A 조직은 ICT 컨설턴트와 사모펀드 전문가 등으로 구성되어 글로벌 투자은행에 버금가는 역량을 갖춘 것으로 평가된다.

동남아를 발판 삼아 세계로 진출

이뿐만 아니라 최근에는 중국 기업들이 직접 해외 시장에 진출하는 경우도 많아지고 있다. 특히 중국의 대형 ICT 기업들은 동남아 국가들을 교두보로 삼아 글로벌 시장에 진출하는 전략을 모색하고 있다. 이들이 동남아 시장에 주목하는 이유는 분명하다. 우선 글로벌 기업 들이 미국과 유럽 시장은 이미 선점했지만, 동남아 시장은 아직까지 중국 기업의 먹거리가 풍부한 블루오션이기 때문이다. 중국 기업들 은 자국의 소득수준과 발전 단계가 유사한 동남아 소비자들에게 맞 춤형 제품과 서비스를 제공할 수 있는 강점을 갖고 있다. 실제 중국 의 스마트폰·가전 업체들은 자국에서 성공한 방식을 동남아 시장에 그대로 적용해 놀라운 성과를 거두고 있다.

또한 동남아는 중국과 지리적으로 가깝고 인구도 많다. 인도 네시아, 필리핀, 베트남, 태국, 말레이시아의 인구를 합치면 5억 명을 훌쩍 넘는 데다, 최근 몇 년간 인터넷 이용자도 빠르게 늘어나면서 전자상거래와 O2O와 같은 산업이 급성장하고 있다. 이들은 모두 중 국 기업이 경쟁력을 갖춘 산업이다. 동남아 경제를 쥐락펴락하는 막 강한 화교 자본과 매년 해외로 출국하는 중국인 관광객이 증가하는 것 역시 중국 기업에겐 플러스 요인이다.

동남아 시장 진출에 가장 적극적인 모습을 보이는 기업은 알 리바바와 텐센트다. 2016년에 알리바바는 동남아 최대 전자상거래 업체인 싱가포르의 라자다Lazada를 인수하며 동남아 시장 공략을 위 한 든든한 발판을 마련했다. 이로서 알리바바는 라자다를 통해 자사 의 쇼핑몰인 타오바오의 제품을 말레이시아, 싱가포르 등 동남아 지 역에 판매할 수 있게 되었다. 라자다는 알리바바에 인수된 이후에도 싱가포르 식료품 배달 전문업체인 레드마트Redmart를 인수하는 등 적

중국의 대형 ICT 기업들은 동남아 국가들을 교두보로
삼아 글로벌 시장에 진출하는 전략을 모색하고 있다.
글로벌 기업들이 이미 선점한 미국과 유럽 시장과는
달리 동남아 시장은 아직까지 중국 기업의 먹거리가
풍부한 블루오션이기 때문이다. 또한 동남아 시장이
중국과 소득수준 및 발전 단계가 유사하다는 점도 중
국 기업에게 유리한 점이다.

극적으로 사업 확장에 나서고 있다. 또한 알리바바는 2017년 3월에 말레이시아에 물류 허브를 구축하겠다는 계획을 발표했고, 파키스탄 정부와 중소기업의 해외 진출을 위한 양해각서MOU를 체결하기도 했다. 이러한 행보는 상품 구매에서부터 결제, 배송 서비스를 통합해 전 세계를 하나의 전자상거래망으로 연결하겠다는 마윈 회장의 **세계전자무역플랫폼** 구상을 실현하기 위한 것이다.

텐센트 역시 2016년에 동남아 최대 게임 업체인 가레나Garena에 1억 7,000만 달러를 투자했다. 빠르게 성장하는 동남아 게임 시장을 공략함과 동시에 가레나가 운영하는 모바일 전자상거래 플랫폼을 더욱 확장하기 위함이다. 이어 태국 최대 포털사이트인 사눅Sanook을 인수한 뒤 사명을 아예 '텐센트 타일랜드Tencent Thailand'로 바꾸고 동남아 미디어 시장 공략에 한층 속도를 냈다. 또한 텐센트의 음악 스트리밍 서비스인 죽스JOOX는 홍콩, 태국, 인도네시아, 말레이시아에 진출해 성공 가도를 달리고 있다.

급격히 성장하는 동남아 온라인결제 시장도 중국 ICT 기업들의 핵심 공략 대상이다. 단순히 금융 서비스를 제공하는 것이 아니라 전자상거래와 물류, O2O 등을 엮는 거대한 산업 생태계를 구축하려는 움직임이다. 중국 온라인결제 시장의 90% 이상을 점유하고 있는 알리바바와 텐센트는 동남아 전자상거래 시장이 가파르게 성

세계전자무역플랫폼
Electronic World Trade Platform

알리바바의 마윈 회장이 2016년 3월 제안한 개념으로, 인터넷을 활용해 전 세계를 하나의 전자상거래망으로 묶어 누구나 참여할 수 있는 공평하고 개방된 무역 플랫폼을 구축하고자 하는 계획이다. 이 계획은 민간기업의 제안으로는 이례적으로 같은 해 9월 개최된 G20 항저우 정상회담의 공동성명에 포함되었다.

장하는 상황에서 결제 플랫폼인 알리페이와 위챗페이의 확장을 위해 공격적으로 투자하고 있다. 알리바바의 금융 자회사인 앤트파이낸셜은 태국의 결제 서비스 업체인 어센드머니Ascend money의 지분 20%를 매입한 데 이어 인도 최대 온라인결제 업체인 페이티엠Paytm에도 9억 달러를 투자했다. 또한 말레이시아의 2위 은행인 CIMB그룹홀딩스와 합작회사를 설립해 말레이시아 온오프 결제 서비스 시장에 진출했다. 중국에서 검증된 결제 시스템 노하우와 비즈니스 모델을 동남아 시장에 접목시켜 금융 영토를 확대하기 위해서다. 이와 함께 알리바바는 알리페이 고객을 확보하기 위해 동남아 최대 차량 공유 업체인 그랩Grab에 투자했다. 수백만 명에 이르는 그랩 승객을 알리페이의 고객으로 끌어들여 현지 고객 기반을 넓히려는 전략이다. 텐센트 역시 태국 카시콘은행Kasikornbank과 협력해 중국인 관광객을 대상으로 위챗페이 결제 서비스를 제공하는 한편, 인도네시아, 말레이시아 등에서도 위챗페이 결제 네트워크를 확대하고 있다.

글로벌 큰손으로 등장한 유커의 영향력

사실 중국의 결제 시스템이 동남아 시장에서 비교적 손쉽게 안착할 수 있었던 배경에는 글로벌 관광업계의 큰손으로 떠오른 중국인 관광객(유커游客)이 자리 잡고 있다. 2009년 5,740만 명이던 중국의 해외여행자 수는 2016년에 1억 2,200만 명으로 급증했다. 같은 기간 중국인 관광객의 해외여행 지출 규모도 510억 달러에서 2,720억 달러로 크게 늘었다. 이러한 추세라면 2020년에는 지출 규모가 최소한 4,000억 달러에 이를 것으로 전망된다.

이들 유커는 중국의 결제 시스템과 SNS 등이 글로벌 시장으로 뻗어나갈 수 있게 하는 촉매제 역할을 한다. 또한 낯선 시장에서 새로운 고객을 확보해야 하는 중국 기업들에게 수월하게 사업 기반을 다질 수 있는 여건을 제공한다. 예를 들어 최근 몇 년간 중국 ICT 기업들이 태국 시장에 적극 진출하고 있는 것도 태국이 수년째 중국인들이 가장 선호하는 해외 관광지로 각광을 받고 있는 것과 밀접히 연관되어 있다. 참고로 2016년에 유커가 가장 많이 방문한 국가는 태국(877만 명), 한국(804만 명), 일본(600만 명), 인도네시아, 싱가포르 등이었다. 이를 반영하듯 중국 2위 전자상거래 업체인 징둥 역시 태국에 대한 투자를 늘리고 있으며, 현지 파트너들과의 협력을 강화하고 있다.

알리바바와 텐센트는 이제 동남아를 넘어 미국과 유럽 등 선진국 시장에도 적극 진출하고 있다. 여기서도 1차 목표는 급증하는 유커와 중국 ICT 환경에 익숙한 유학생들이지만, 궁극적으로는 로컬 업체와 현지 소비자를 겨냥한 것이다. 이를 위해 알리바바는 미국 결제 서비스 회사인 퍼스트데이터First Data와 제휴를 통해 애플페이와 맞먹는 수준인 400만 개의 오프라인 가맹점을 확보했다. 또한 세계 최대 결제단말기 업체인 베리폰Verifone과 협력하는 한편, 알리페이로 우버의 차량공유 서비스를 이용할 수 있도록 했다. 이 같은 방식으로 알리페이는 현재 70개국에 진출해 있다. 전 세계 스마트폰 운영체제의 양강인 애플과 구글의 모바일페이 서비스가 각각 15개(애플페이)와 10개(안드로이드페이) 국가에서 이뤄지고 있다는 점을 감안하면 서비스 범위가 훨씬 넓다.

텐센트의 움직임은 더욱 공세적이다. 텐센트는 2017년 3월에 미국 전기차 업체 테슬라의 지분 5%를 17억 8,000만 달러에 인수했고, 같은 해 11월에는 SNS 업체 스냅Snap의 지분 10%를 인수했다. 최근에는 세계 최대 음악 스트리밍 업체인 스웨덴 스포티파이Spotify와도 지분 교환 협상을 진행하고 있다. 텐센트가 투자한 이들 업체는 글로벌 4차 산업혁명을 주도하고 있는 페이스북, 애플, 아마존, 구글의 주요 경쟁업체라는 공통점이 있다. 단적인 예로 스냅은 글로벌 SNS 시장을 평정한 페이스북의 거의 유일한 대항마로, 텐센트는 앞서 2014년에 페이스북과 모바일 메신저 업체인 왓츠앱WhatsApp 인수를 둘러싸고 치열한 경쟁을 벌인 바 있다. 풍부한 자금력을 보유한 텐센트가 중국을 넘어 세계 시장으로 진출하기 위해 미국 대형 ICT 업체와의 한판 대결을 준비하고 있는 것이다. 이 밖에도 텐센트는 실리콘밸리의 모바일결제 업체인 시트콘Citcon과 제휴를 맺고 위챗 사용자들이 미국에서도 스마트폰을 활용해 결제할 수 있도록 했다.

유럽에서도 알리페이는 영국의 명품 백화점인 해러즈Harrods와 건강식품 프랜차이즈인 홀랜드앤드바렛Holland & Barret 등과 결제 협약을 맺고 모바일결제 서비스를 제공하고 있다. 또한 영국의 디지털 마케팅 플랫폼인 재퍼Zapper, 호주의 대표적 은행인 커먼웰스뱅크CBA,

독일의 온라인결제 업체인 와이어카드Wirecard, 이탈리아 은행인 유니크레딧Unicredit 등과 제휴를 맺었다. 이와 함께 텐센트는 결제 서비스 업체인 페이먼트월Paymentwall과 협력을 맺고 미국, 유럽뿐 아니라 라틴아메리카, 중동 등 글로벌 온라인결제 시장에서 진출할 기반을 마련했다.

중국 ICT 업체들이 중국 시장에서 결제 플랫폼을 장악한 이후 P2P, O2O, 전자상거래 등에서 종횡무진 활약한 점을 감안하면, 글로벌 시장에서 역시 금융 및 산업 지형을 바꾸는 게임 체인저가 될 가능성이 높아 보인다.

07

중국 소비시장의 게임 체인저, 공유경제

공산주의의 21세기 버전, 공유경제

공유경제가 중국 경제의 새로운 패러다임으로 떠오르고 있다. 공유경제란 제품을 구매하여 소유하는 것이 아니라 사용자끼리 빌려주거나 나눠 쓰는 경제활동을 의미한다. 중국에서 공유경제는 이미 중국인들의 일상 속에 깊숙이 파고들었다. 공유자동차와 공유자전거에서부터 공유우산, 공유충전기, 공유주택에 이르기까지 공유하는 품목들도 다양해지고 있다.

특히 편리함과 가성비를 추구하는 바링허우(1980년대생)와 주링허우(1990년대생) 세대는 공유경제 서비스를 이용하지 않고는 하루도 지내기 어려울 정도다. **공산주의**의 21세기 버전인 공유경제가

공산주의communism

공산주의의 라틴어 어원은 '코무네 commune'로 '다른 사람과 나눔'이라는 뜻을 가지고 있다. 사유재산제에 기반한 자본주의가 발달한 서구와는 달리, 중국은 아직까지 공산주의의 색채가 남아 있어 다른 사람과 무언가를 나눠 쓰는 것에 대한 거부감이 적다.

중국의 새로운 소비 트렌드로 자리매김하고 있는 것이다. 중국 정부 역시 소비시장을 활성화하고 새로운 일자리를 창출하기 위한 수단으로 공유경제를 적극 육성하고 있다.

중국국가정보센터가 발표한 〈중국 공유경제 발전 보고서 2017〉에 따르면 2015년에 1조 7,000억 위안(약 290조 원)이던 중국 공유경제의 시장 규모는 2016년에는 전년 대비 103% 증가한 3조 4,000억 위안(약 590조 원)을 기록했다. 이와 함께 공유경제 서비스 이용자 수도 6억 명을 넘어섰는데, 이는 전년 대비 1억 명이 증가한 수치다. 중국 경제가 6%대 중속 성장을 하고 있음에도 공유경제 서비스 부문은 가파른 성장세를 보이고 있는 것이다. 이 보고서에 따르면 중국의 공유경제 시장 규모는 향후 연간 40%씩 성장하며 2020년에는 중국 GDP의 10%에 해당하는 8조 3,000억 위안에 이를 것으로 전망된다.

중국의 공유경제 시장에서 가장 큰 비중을 차지하고 있는 것은 금융 부문(2조 1,000억 위안)이다. 핀테크 혁신으로 P2P 인터넷대출 시장이 급격히 활성화되는 가운데 소셜크라우드펀딩도 늘었기 때문이다. 배달, 요리 등 생활 서비스 부문은 2016년에 7,000억 위안으로 전년 대비 두 배가량 성장했다. 중국 최대 자동차공유 업체인 디디추싱과 공유자전거 서비스의 원조인 오포, 모바이크가 속한 교통·차량 분야 역시 높은 성장세를 나타냈다. 한편 아직까지 절대적인 규모는 크지 않지만 지식·콘텐츠와 의료 부문도 각각 전년 대비 205%, 121% 증가하며 가파르게 성장하고 있다. 특히 최근 들어 다양한 분야의 전문 지식과 노하우를 공유하는 지식공유 플랫폼 이용자가 급증하고 있다. 소비자들은 이 같은 플랫폼에서 비용을 지불하고 동영상 강의, 맞춤형 컨설팅 등의 서비스를 받는다. 대표적인 지식공유 플랫폼으로는 3억 5,000만 명의 회원을 가진 히말라야FM喜马拉雅FM이 있다. 히말라야FM은 6,000명이 넘는 전문가들이 재테크·외국어·교육 등 다양한 지식 콘텐츠를 제공하고 있으며 월 활성이용자MAU 수가 5,000만 명이 넘을 만큼 인기를 끌고 있다.

중국의 대표적인 지식공유 플랫폼인 '히말라야FM'의 홈페이지. 히말라야FM은 현재 6,000명이 넘는 전문가들이 재테크·외국어·교육 등 다양한 지식 콘텐츠를 제공하고 있으며, 회원 수 3억 5,000만 명, 월 활성이용자 수 5,000만 명이 넘을 만큼 큰 인기를 끌고 있다.

분야별 중국 공유경제 규모 및 성장률

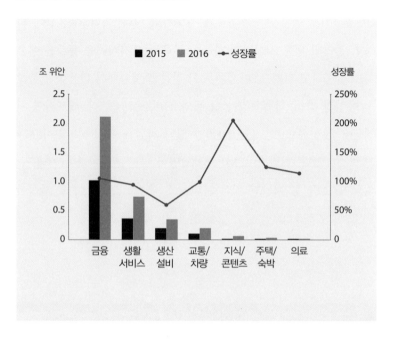

중국 공유경제 발전의 원동력

공유경제가 이처럼 급성장할 수 있었던 데에는 풍부한 투자자금이
크게 작용했다. 실제로 지난 몇 년간 중국에 불어닥친 창업 열풍 속
에서 스타트업들이 유치한 투자자금 중 상당수가 공유경제로 흘러
들어 갔다. 아이템이 참신하거나 비즈니스 모델이 경쟁력을 지닌 것
으로 판명되면 엔젤투자자부터 대형 ICT 기업, 외국계 투자자들까
지 아낌없이 투자금을 제공했다. 투자자들의 관심이 뜨거운 일부 업

차이나 이노베이션

산업별 공유경제 자금 조달 비중

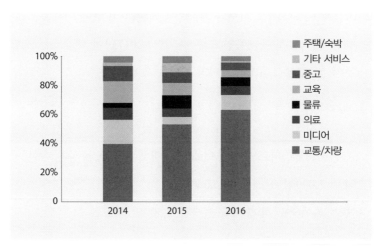

출처: IT쥐즈(IT桔子)

좋은 투자자금이 넘쳐나서 IPO가 필요 없다고 여겨질 정도다. 실제로 2012년에 11억 위안에 불과하던 공유경제 자금 조달 규모는 2015년에 819억 위안으로 급증했고, 2016년에도 빠른 증가세가 이어졌다.

특히 공유경제 붐을 촉발시킨 디디추싱, 오포, 모바이크 등이 속한 교통·차량 부문에 많은 자금이 몰리고 있다. 단적인 예로 디디추싱은 2016년에 애플로부터 10억 달러를 포함해 중국생명보험과 알리바바 등으로부터 거액을 투자받은 데 이어 2017년에도 소프트뱅크Softbank로부터 50억 달러의 투자를 유치했다. 오포와 모바이크는 창업한 이후 2년 동안 투자받은 돈이 130억 위안에 이른다. 그 결과 전체 공유경제 자금 조달액 가운데 교통·차량 부문의 비중은 2016년에 63%까지 증가했다. 이 밖에 히말라야FM과 어깨를 나란히 하는 지식공유 플랫폼인 즈후知乎 역시 2017년에 텐센트를 포함한 투자기관으로부터 1억 달러의 투자를 유치했다.

중국의 공유경제는 경제성장률 둔화와 구조조정의 여파로 위축된 고용시장에도 상당한 도움을 주고 있다. 〈중국 공유경제 발전 보고서 2017〉에 따르면 2016년에 공유경제 서비스 종사자 수는 전년 대비 1,000만 명 증가한 6,000만 명을 기록했다. 분야별로는 지식·콘텐츠 부문에서 종사하는 수가 2,500만 명으로 가장 많고, 그

중국의 분야별 공유경제 종사자 수 현황

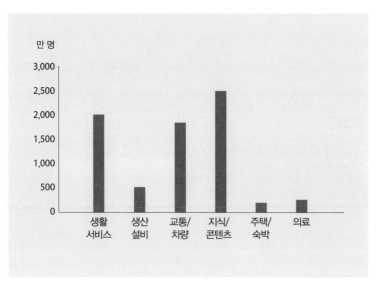

출처: 중국국가정보센터

　　　　　　　　　　　　　　　차이나 이노베이션

뒤를 생활 서비스, 교통·차량 부문이 잇고 있다. 특히 공유경제는 서비스 산업 분야에서 전통적인 취업 방식을 변화시키며 새로운 형태의 일자리 창출에 크게 기여하고 있다. 리커창 총리는 "인터넷을 활용한 공유경제가 과잉생산을 흡수하고 다양한 신사업 모델을 통해 고용을 창출하는 수단이 되고 있다"고 강조한 바 있다. 2016년에 디디추싱이 새롭게 고용한 사람이 1,750만 명에 이르는데, 이 중 240만 명은 중국 정부가 철강·석탄·시멘트 등 공급 과잉 산업을 구조조정하는 과정에서 일자리를 잃은 사람들이었다. 뿐만 아니라 투지아逾家, 샤오주小猪 등 공유주택 플랫폼이 창출한 일자리 역시 200만 개를 넘어설 것으로 추산된다. 공유경제 확산이 일자리 문제 해결의 완충제 역할을 하고 있는 것이다.

　중국에서 공유경제가 급성장할 수 있었던 또 다른 배경은 모바일결제 시스템과 같은 인프라가 잘 구축되어 있기 때문이다. 중국의 스마트폰 사용자 수는 이미 7억 명을 넘어섰고, 전자상거래가 활성화하면서 모바일결제 시장 역시 가파르게 성장했다. 그 결과 2012년에 2,000억 위안에 불과하던 중국 모바일결제 시장 규모는 2016년에 58조 8,000억 위안으로 급증했으며, 2017년에는 98조 7,000억 위안을 기록할 것으로 전망된다. 전체 온라인결제에서 모바일결제가 차지하는 비중도 2012년 4%에서 2016년 74.6%로 급증했다. 이에 소비자들은 스마트폰으로 차량 예약부터 음식 배달, 숙박공유에 이르기까지 공유경제 서비스를 손쉽게 활용할 수 있었고 공급자들도 대금 회수 위험 없이 서비스를 제공할 수 있게 되었다. 이 과정에서 알리바바와 텐센트의 모바일결제 시스템인 알리페이와 위챗페이는 중국 시장을 양분하며 모바일결제 시스템 확산에 일등공신 역할을 했다.

공유경제의 발전에는 중국 정부의 역할도 컸다. 드론, 핀테크, 전기차, 로봇 등과 같은 신성장산업에서와 마찬가지로 중국 정부는 민간기업들이 주도권을 갖고 사업을 추진할 수 있도록 여건을 조성했다. 리커창 총리는 2016년 3월 공유경제 활성화를 중앙정부의 중요한 정책 기조로 내세운 데 이어 2017년 6월에는 국무원 상무회의에서 자원 이용 효율을 높이고 신산업을 육성하기 위해 공유경제 발전의 필요성을 역설했다. 이를 반영해 같은 해 7월에 국가발전개혁위원회를 포함한 8개 부처는 공유경제 발전을 위한 환경을 조성하는 것을 골자로 한 가이드라인을 발표했다. 주요 골자는 공유경제 발전을 가로막는 규제를 철폐하고, 사업자의 시장 진입 요건을 완화(철폐)하는 한편, 공유경제에서 발생하는 분쟁들을 조정할 수 있는 기준을 마련하는 것이었다. 사전 승인보다 사후적 규제를 통해 먼저 공유경제를 키운 후에 관리 감독에 나서겠다는 방침을 밝힌 것이다.

중국 공유경제 업계의 대표주자

중국에서 공유경제가 대중화된 것은 디디추싱으로 대표되는 차량공유 서비스가 시작된 이후부터다. 중국 정부는 세계 최초로 차량공유

출처: 더 베이징어(The Beijinger)

중국에서 공유경제가 대중화한 것은 디디추싱으로 대표되는 차량공유 서비스가 시작된 이후부터. 현재 디디추싱의 기업가치는 500억 달러로, 우버에 이어 글로벌 유니콘 기업 2위를 기록하고 있다.

서비스를 합법화하는 등 차량공유 서비스 발전에 적극 나섰다. 디디 추싱은 2015년 2월에 알리바바의 콰이디다처와 텐센트의 디디다처 가 합병해 설립된 회사다. 이후 디디추싱은 바이두가 투자한 우버차 이나까지 인수하면서 중국 차량공유 시장에서 90%가 넘는 점유율 을 확보했다. 디디추싱은 현재 중국 400개 도시에서 4억 명이 이용 하고 있으며, 2015년 한 해에만 14억 건의 이용 건수를 기록했다.

현재 디디추싱의 기업가치는 500억 달러로, 우버(680억 달러) 에 이어 글로벌 유니콘 기업 2위를 기록하고 있다. 디디추싱은 차량

공유 플랫폼에서의 우월적인 지위를 바탕으로 향후 완성차 업체에 대한 영향력을 확대할 것으로 예상된다. 2019년부터 중국 내 완성차 업체들이 본격적으로 전기차와 자율주행차 양산에 돌입하는데, 이 물량을 받아줄 주체는 디디추싱과 같은 대형 차량공유 업체밖에 없기 때문이다. 더욱이 중국의 차량공유 서비스 시장을 디디추싱이 독점하다시피 한 상황에서 수십 개의 완성차 업체들이 오직 한 업체만 바라봐야 한다면 디디추싱의 몸값은 더 올라갈 수밖에 없다.

이뿐만 아니라 디디추싱은 해외 시장 진출에도 적극 나서고 있다. 같은 해 7월에 소프트뱅크와 함께 동남아 최대 차량공유 업체인 그랩에 20억 달러를 투자한 데 이어 중동의 차량공유 업체인 카림Careem과 전략적 제휴를 맺었다. 2018년에는 일본 최대 택시 업체인 다이이치교통산업第一交通産業과 손을 잡고 중국인 관광객이 많이 찾는 도쿄에서 차량 호출 서비스를 시작하기로 했다. 중국 내수뿐 아니라 글로벌 시장에서 우버와 어깨를 견주는 차량공유 업체로 거듭나기 위해서다.

최근 공유자전거가 핫이슈로 떠오르고 있다. 중국 공유자전거 시장은 정부의 공유경제 육성책과 ICT 혁신에 힘입어 가파른 성장세를 거듭하고 있다. 이 시장의 양대 축은 오포와 모바이크인데, 2014년에 설립된 오포는 베이징대 캠퍼스에서 시작해서 불과 2년 만에 상하이와 광저우 등 주요 도시로 서비스를 확대했으며, 2015년에 설립된 모바이크 역시 오포의 뒤를 바짝 뒤쫓으며 빠르게 성장하고 있다. 2016년 말에 1,900만 명이던 두 업체의 회원 수는 2017년

출처: 식스톤(Sixth Tone)

중국에서 공유경제는 이미 중국인들의 일상 속에 깊숙이 파고들었다. 공유자동차와 공유자전거에서부터 공유우산, 공유충전기, 공유주택에 이르기까지 공유하는 품목들도 다양해지고 있다. 공산주의의 21세기 버전인 공유경제가 중국의 새로운 소비 트렌드로 자리매김하고 있는 것이다.

연말까지 5,000만 명을 넘어설 것으로 전망된다. 이에 따라 중국 공유자전거 시장 규모는 2016년 12억 3,000만 위안(약 2,100억 원)에서 2019년에는 236억 위안(약 4조 원)으로 커질 것으로 예상된다.

중국 공유자전거의 잠재력을 높게 평가한 투자자들이 대규모 투자에 나선 것도 시장 확대에 핵심적인 역할을 했다. 다른 플랫폼 사업과 마찬가지로 규모의 경제를 달성하기 위해 우선 몸집을 키우는 것이 무엇보다 중요하기 때문이다. 오포는 지금까지 6억 5,000만 달러를 조달하며 업체 최초로 유니콘 기업이 되었고, 모바이크 역시 2017년에만 10억 달러 이상을 텐센트, 세쿼이아캐피털 등으로부터 투자받았다. 이들 기업은 이 자금으로 국내 2~3선 도시로의 확장을 도모하는 한편, 해외 시장 진출에도 적극 나서고 있다. 오포는 이미 태국, 싱가포르, 영국 등에 진출했으며 최근에는 소프트뱅크와 손잡고 일본 시장에도 본격 진출할 계획이다. 모바이크는 2017년 3월 싱가포르에서 500대 규모로 서비스를 시작한 데 이어 6월에는 영국의 맨체스터와 샐퍼드를 기점으로 유럽 지역 영업망을 빠르게 확대하고 있다.

공유주택 시장 역시 빠르게 확대되고 있다. 현재 중국에는 만성적인 공급 과잉으로 수천만 채가 넘는 빈집이 있는 데다 여행 수요가 빠르게 증가하는 등 공급과 수요가 잘 맞아떨어졌기 때문이다. 대표적인 업체가 중국판 에어비앤비Airbnb인 투지아다. 투지아는 앱 다운로드 수가 1억 8,000만 건이 넘고 50만 가구 이상의 숙소를 보유한 중국 최대 공유주택 플랫폼이다. 투지아는 단순히 에어비앤비의 사업 모델을 모방하는 데 그치지 않고 중국 소비자의 특성에 맞는 맞춤형 서비스를 제공하며 빠르게 시장점유율을 높였다. 예를 들어 중국인들이 혼자 다니는 것보다 가족 단위의 여행을 선호하고 숙소에서 허드렛일을 하기 싫어한다는 점에 착안해 빌라형 숙소를 확보하는 한편 청소부와 요리사 등을 함께 제공하는 방식이다. 투지아역시 글로벌 확장을 본격화해 현재 일본, 대만, 한국, 동남아 등에 진출했으며 대상 국가를 확대해나갈 계획이다.

아직은 과도기에 놓인 공유경제 시장

다만 중국의 공유경제가 빠르게 성장하고 있음에도 불구하고 아직까지 과도기 상황에 놓여 있다는 점에 주의할 필요가 있다. 공유경제의 급성장에 매료되어 무리한 투자를 감행하는 업체들도 상당수 있기 때문이다. 공유자전거 서비스만 하더라도 현재 중국에 50여 개의 업체가 영업을 하고 있지만, 이 중 이익을 내는 곳은 한 곳도 없다. 중국 공유자전거 시장을 90% 이상 점유하고 있는 오포와 모바이크도 아직까지 수익을 내지 못하고 있다. 충칭 시에서 1,200대 규모로 공유자전거 서비스를 제공해온 우쿵단처悟空單車는 창업한 지 5개월 만에 문을 닫았다. 공유우산 업체인 'e우산雨傘' 역시 상하이, 광저우 등 11개 도시에서 서비스를 시작했지만 몇 주 만에 30만 개의 우산 대부분을 분실했다. 몇 년 전에 스타트업 열풍을 이끌었던 O2O

중국 공유경제 창업 기업의 평균 생존 기간

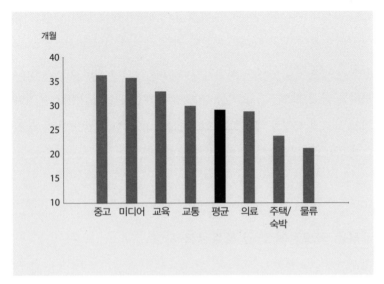

출처: IT쥐즈

기업들이 잇따라 폐업했던 것과 유사한 상황이다.

실제로 2014년에 10만 개 수준이던 중국 O2O 관련 기업은 이후 2016년에 1,000개 정도로 급감했다. 차별성이 없는 아이템을 내세운 업체들이 우후죽순처럼 생겨나면서 제 살 깎기식 경쟁에 돌입한 것이 주된 원인이었다. 또한 공유경제 창업 기업의 평균 생존 기간도 29개월에 불과한 것으로 나타났다. 서로 다른 비즈니스 모델이 뒤엉켜 있다 보니 기존의 규제 틀로는 관리가 어려운 문제점도 나타나고 있다. 하지만 이러한 성장통에도 불구하고 중국의 공유 시장은

　　　　　　　　　　　　　　　　　　　　　　차이나 이노베이션

방대한 내수시장과 ICT 기업의 혁신, 그리고 중국 정부의 강력한 지원책에 힘입어 성장세를 이어가고 있다.

08

미래 10년을 바꿀
중국 유망 산업

비약적인 발전을 거듭하는 중국 인공지능 산업

중국의 인공지능 산업이 비약적인 발전을 거듭하고 있다. 인공지능이란 인간의 학습, 추론, 지각능력 및 자연어 이해능력 등을 컴퓨터 프로그램으로 실현하는 기술로 4차 산업혁명의 핵심이라고 할 수 있다. 제조업 혁신과 산업구조 업그레이드를 추진하고 있는 중국에서 인공지능 산업이 빠르게 발전하고 있는 배경이다. 중국의 인공지능 산업은 정부의 전폭적인 지원 아래 대형 ICT 기업과 스타트업들이 적극 투자에 나서며 본격적인 성장기에 접어들었다.

중국 정부는 인공지능 산업의 중요성을 일찌감치 깨닫고 대학 등 연구기관과 민간기업의 기술 개발을 적극 지원해왔다. 그 결

13.5규획 +三五規划

중국은 5년마다 중장기 국가 발전 계획을 세우고 있다. 13.5규획은 제 13차 5개년 규획(2016~2020년)을 뜻 하며, 중국 정부가 내세우는 성장 목 표와 이를 달성하기 위한 정책 수단 이 망라된 마스터플랜이라고 할 수 있다.

과 지난 10년간 중국 정부의 인공지능 관련 연구 지출액은 매년 두 자릿수 성장률을 기록하며 빠르게 증가했다. 중국 정부는 국가 발전 정책이 명시된 **13.5규획**에서 인공지능을 핵심 지원 사업에 포함시키고 2016년에 발표한 '인터넷 플러스, 인공지능 3년 행동 시행 방안'을 통해 인공지능 산업을 중국의 차세대 성장 동력으로 키우겠다는 계획을 내놓았다. 2017년 3월에 열린 중국의 최대 정치행사인 양회에서도 인공지능은 핵심 키워드 중 하나였다. 리커창 총리는 전국인민대표대회 정부 업무보고에서 인공지능을 반도체, 바이오, 5G 등과 함께 차세대 신흥산업 발전계획에 포함시켰다. 인공지능이 정부 업무보고에 언급된 것은 이번이 처음으로 중국 정부가 인공지능 산업을 대대적으로 육성하겠다는 의지를 공개적으로 천명한 것이다.

이뿐만 아니라 같은 해 7월 국무원은 '차세대 인공지능 발전 계획'을 발표하면서 2030년까지 중국을 글로벌 인공지능 선도 국가로 발돋움시키겠다는 야심찬 목표를 밝혔다. 이 계획에 따르면 중국은 1단계인 2020년까지 미국 등 선진국과의 인공지능 관련 기술 격차를 줄이고, 2단계인 2025년까지는 일부 인공지능 기술·응용 부문에서 선진국을 따라잡은 뒤, 3단계인 2030년까지 미국을 넘어 글로벌 인공지능 혁신의 중심 국가로 우뚝 선다는 계획이다. 아직까진 청사진에 불과하지만 제조업 강국 실현을 위한 청사진인 '중국제조

차이나 이노베이션

출처: 압포짓(壓分子鬪)

중국 정부의 든든한 지원에 힘입어 대형 ICT 기업들도 경쟁적으로 인공지능 시장에 뛰어들고 있다. 대표적으로 바이두는 현재 중국과 미국 등지에서 1,300여 명의 인공지능 전문인력을 확보하고 있으며, 회사 수익의 15%를 인공지능 관련 연구개발에 투자하고 있다.

2025' 역시 짧은 기간 동안 놀라운 성과를 거뒀다는 점을 감안하면 인공지능 산업도 상당한 도약을 이룰 것으로 예상된다.

정부의 든든한 지원에 힘입어 대형 ICT 기업들도 경쟁적으로 인공지능 시장에 뛰어들고 있다. 대표적으로 중국 최대 포털 업체인 바이두는 2013년 미국 실리콘밸리에 3억 달러를 투자해 인공지능 연구소를 설립하고 고급 인재 영입과 데이터 플랫폼 구축에 나서고 있다. 바이두는 현재 중국과 미국 등지에서 1,300여 명의 인공지능 전문 인력을 확보하고 있으며, 회사 수익의 15%를 인공지능 관련 연구개발에 투자하고 있다. 최근 2년간 인공지능 부문에 투자한 액수만 200억 위안(약 3조 4,000억 원)에 이를 정도다. 바이두는 2016년에 인공지능을 탑재한 가상 개인비서 서비스인 두미度秘를 공개하면서 검색·음식 배달·생체 인식 등으로 투자 영역을 확장하고 있으며, 특히 인공지능을 활용한 자율주행차 기술에 적극 투자하고 있다. 'CES 2017'에서 공개한 자율주행 플랫폼인 '로드해커스Road Hackers'가 대표적이다. 로드해커스는 운전자의 주행 습관과 주변 상황을 고려해 최적의 자율주행을 구현하는 것이 가장 큰 강점으로 꼽힌다. 한편 2017년 4월에 열린 '상하이 오토쇼Auto Shanghai 2017'에서 바이두는 자율주행차 개방형 플랫폼인 '아폴로 프로젝트apollo project'를 발표했다. 이 프로젝트에는 마이크로소프트, 엔비디아NVIDIA, 포드, 인텔Intel 등 글로벌 기업뿐 아니라 창안자동차长安汽车, 창청자동차长城汽车 등 중국의 자동차 업체들도 파트너로 참여했다. 구글이 안드로이드 운영체제를 공개해 스마트폰 소프트웨어 시장을 장악한 것처럼 바이두 역시 자율주행 소프트웨어를 오픈소스로 공개해 시장의 주도권을 선점하려는 것이다.

중국 최대 ICT 기업인 텐센트 역시 인공지능 기술 개발에 박차를 가하고 있다. 텐센트는 콘텐츠와 게임, SNS, 플랫폼을 인공지능 기술의 4대 응용 분야로 설정하고 이들 영역에 모든 역량을 쏟아붓고 있다. 2016년에 50여 명의 인공지능 전문가와 200여 명의 엔지니어로 구성된 인공지능 연구소를 설립하는 한편, 트래픽 분석 전문 회사인 디프봇Diffbot과 헬스케어 인공지능 회사인 아이카본엑스iCarboⁿˣ와 같은 스타트업에도 거액을 투자했다. 2017년 3월에 세계 컴퓨터바둑대회에서 일본의 딥젠고DeepZenGo를 꺾고 우승한 쥐에絕藝 역시 텐센트가 만든 바둑 인공지능 프로그램이다. 쥐에는 16개 인공지능 프로그램이 경쟁하는 바둑대회에 처음 출전해 우승을 차지하면서 '알파고의 라이벌'로 부상했다. 텐센트는 이 같은 인공지능 기술을 금융 부문에 적극 활용하고 있다. 대표적으로 텐센트의 인터넷은행인 위뱅크는 2015년에 개인고객 신용대출 서비스인 웨이리다이微粒貸를 출시해 무담보 대출을 제공하기 시작했다. 만약 소비자가 텐센트의 SNS인 QQ나 위챗을 통해 대출을 신청하면 2.4초 만에 대출 심사를 마치고, 문제가 없을 경우 40초 안에 통장에 돈이 입금된다. 인공지능을 활용한 자체 신용평가 시스템이 대출 신청자의 SNS 활동, 소비 결제 등 빅데이터를 신속하게 분석하기 때문에 가능한 일이다. 이에 웨이리다이는 출시된 지 1년 만에 누적 대출액이 400억 위안(약 6조 8,000억 원)을 넘어서는 등 중국인들에게 큰 인기를 끌고 있다.

알리바바 역시 주력 사업부인 전자상거래에서부터 물류와 로봇, 가상/증강현실과 같은 부문까지 인공지능 기술의 적용 범위를 확대하고 있다. 알리바바는 인공지능 기술을 활용해 소비자 개개인에 맞춤형 검색과 추천 서비스를 제공하고 있으며, 세계 최초로 '스마일 투 페이smile to pay'라는 안면인식 결제 시스템을 개발했다. 인공지능 기술을 활용한 안면인식 결제 기술은 중국이 기술 수준과 상용화 면에서 글로벌 선두권에 있는 분야다. 참고로 알리바바의 안면인식 기술은 칭화대 공학도 3명이 세운 메그비Megvii라는 스타트업이 개발한 것이다.

실제로 알리바바의 인공지능 기술은 중국판 블랙프라이데이인 광군제光棍节(11월 11일)에서 빛을 발했다. 2016년 광군제 하루 동안 약 20조 원의 매출액을 기록했는데 인공지능 가상 쇼핑 도우미인 '알리샤오미阿里小蜜'가 폭주하는 제품 상담 업무의 90%가량을 소화한 것이다. 알리샤오미는 중국 소비자들이 메신저로 제품 및 배송에 관한 문의를 하면 소비자의 행동 패턴을 사전에 분석·예측해 적절하게 대응했다. 그리고 이처럼 전자상거래 시장이 확대되고 택배 수요가 급증하자 알리바바는 물류 자회사인 차이냐오를 설립했다. 차이냐오는 인공지능과 로봇을 활용해 물류 시스템 효율성을 크게 높인 것이 강점으로 꼽힌다.

규모와 실력을 모두 갖춘 중국의 인공지능

사물인터넷뿐 아니라 클라우드컴퓨팅, SNS 등에서도 인공지능 수요가 급증하면서 중국의 인공지능 시장 규모는 2016년 239억 위안(약 4조 원)에서 2018년에는 381억 위안(약 6조 5,000억 원)으로 증가할 것으로 예상된다. 중국의 인공지능 산업은 이미 시장 규모뿐 아니라 기술력과 상업화 부문에서도 미국을 바짝 뒤쫓고 있다. 중국의 대형 포털인 왕이網易와 우전즈쿠乌镇智库가 2017년에 발표한 〈세계 인공지능 발전 보고서〉에 따르면 중국의 인공지능 관련 기업은 709개로,

미국의 2,905개 다음으로 많은 숫자를 기록했다. 기술력을 가늠해 볼 수 있는 특허 출원 수도 중국이 1만 5,745개를 기록해 미국의 2만 6,891개에 이어 2위를 차지했다. 심지어 2012년 이후에 출원한 특허 건수는 중국이 미국보다 많다. 최근으로 올수록 중국의 인공지능 관련 연구가 매우 활발하게 진행되고 있다는 뜻이다. 실제로 지적재산 분석 기업인 클래리베이트 애널리틱스Clarivate Analytics가 조사한 바에 따르면 지난 20년간 중국에서 발표된 인공지능 관련 논문 수는 13만여 건으로 미국의 11만여 건을 넘어선 것으로 나타났다. 참고로 한국의 인공지능 논문 수는 1만 9,000건에 불과하다. 또한 인공지능 논문의 질을 평가하는 인용지수 기준 상위 0.1%의 최고 수준 논문 수는 중국이 미국과 영국, 프랑스에 이어 4위지만, 상위 10% 수준의 논문에서는 미국(1만 8,746건) 다음으로 많은 8,688건을 기록했다. 양적인 면에서뿐 아니라 질적인 면에서도 상당한 수준의 연구 결과를 쏟아낸 것이다. 미국 백악관 보고서에 따르면 중국의 딥러닝deep learning (인공지능의 자기학습법) 관련 논문 수는 2014년부터 미국을 추월하기 시작해 2015년에는 미국보다 35%나 많은 350건을 기록했다.

인공지능의 경쟁력이 결국 빅데이터에서 결정된다는 점을 감안하면 중국 인공지능 산업의 미래는 매우 밝다고 할 수 있다. 14억 인구가 매일 SNS, 온라인쇼핑, 금융, O2O 서비스 등에서 엄청난 규모의 데이터를 만들어내고 있기 때문이다. 중국에서 국민 메신저로 통하는 위챗은 월평균 사용자가 9억 명을 넘고 하루 평균 문자메시지 발송 건수는 380억 건에 이른다. 또한 중국 최대 차량공유 업체인 디디추싱이 2015년 한 해에만 14억 건을 훌쩍 넘는 이용 건수를 기록한 데 반해 원조 차량공유 업체인 우버가 2010년부터 2015년까지 6년간 기록한 이용 건수는 10억 건에 불과하다. 이는 중국의 인공지능 및 빅데이터 산업의 잠재력을 단적으로 보여준다. 2016년에 애플이 자사 비즈니스와 직접적인 관련이 없는 디디추싱에 10억 달러라는 거액을 투자한 것도 디디추싱이 보유한 빅데이터와 이를 처리하는 알고리즘의 가치를 높게 평가했기 때문이다.

중국판 '빅브라더'의 탄생

그렇다면 중국의 인공지능 산업은 어떤 부문에서 비교우위를 갖고 있을까? 대표적으로 노동력 감소에 대응하기 위해 공격적인 투자가 이뤄지고 있는 로봇 분야와 빅데이터를 읽어내고 스스로 학습할 수 있는 인공신경망 부문을 꼽을 수 있다. 이미지 식별 역시 강점을 갖고 있는 분야다. 중국은 방대한 빅데이터를 정교한 알고리즘과 결합해 교통, 결제, 치안 등 다양한 분야에서 적극 활용하고 있다. 단적인 예로 중국 공안당국은 전국 각지에 설치된 2,000만 개의 인공지능 감시카메라CCTV를 기반으로 '톈왕天网(하늘의 그물)'이라는 영상 감시 시스템을 구축했다. 시진핑 정부의 반부패·반범죄 조치의 일환으로 개발된 톈왕은 지나가는 차량의 종류와 색깔뿐 아니라 보행자의 성별과 복장, 연령 등을 실시간으로 파악할 수 있다. 그야말로 중국판

'빅브라더'가 탄생한 것이다.

출처: CCTV 방송 자료화면

중국 각지에 설치된 2,000만 개의 인공지능 감시카메라를 기반으로 한 영상 감시 시스템 '톈왕'의 예시 화면. 톈왕은 지나가는 차량의 종류와 색깔뿐 아니라 보행자의 성별과 복장, 연령 등을 실시간으로 파악할 수 있다.

사실 중국의 이미지 식별 기술이 확실한 경쟁력을 갖게 된 배경에는 프라이버시 보호에 대한 인식이 부족하다는 점과 정부의 감시와 통제를 견제하는 사법 시스템이 미비하다는 점이 크게 작용했다. 이에 따라 중국 기업들은 정부의 묵인하에 마음껏 개인정보를 수집하고 이를 활용하고 있다. 글로벌 기업들이 법적·제도적 장벽에 막혀 있는 것과 대조적이다. 중국의 신생 인공지능 스타트업인 센스타임Sense Time의 안면인식 기술이 구글, 페이스북 등을 압도하고 있는 것도 안면 데이터를 이들 기업보다 훨씬 많이 축적했기 때문이다. 특히 중국 정부는 인공지능을 이용한 범죄 예측 기술 개발에 공을 들이고 있다. 이미 발생한 범죄를 추적할 뿐 아니라 범죄가 발생하기 전에 미리 용의자를 식별해 예방할 수 있는 시스템을 구축하려는 것이다.

음성인식 부문에서도 중국 인공지능 기술이 상당한 성과를 보이고 있다. 앞서 언급한 것처럼 중국은 복잡한 언어체계를 갖고 있기 때문에 스마트폰에서도 터치 기술보다 음성인식 기술이 먼저 발전했다. 여기에 관련 업체들이 음성인식의 정확도를 높이고 응용 분야를 확대하기 위해 적극적인 투자에 나서면서 2014년에 28.6억 위안(약 4,800억 원)이었던 중국 음성인식 시장 규모는 2017년에는 100억 위안(약 1조 7,000억 원)을 기록할 전망이다. 중국 음성인식 부문의 군계일학은 커다쉰페이科大訊飞다. 커다쉰페이는 2010년에 개발한 '쉰페이 음성 클라우드'를 기반으로 '쉰페이 입력기'와 '음성 비서'를 잇달아 선보이며 중국을 비롯한 아시아 지역에 진출했다. 중국 스마트폰인 화웨이, 샤오미, 오포 등의 입력기에는 모두 커다쉰페이의 음성인식 기술이 사용되고 있으며, 음성 비서는 자동차, 완구, 가전제품 등에서 광범위하게 활용되고 있다. 커다쉰페이의 기술력은 세계적으로도 최고 수준이다. 음성·이미지인식 수준을 평가하는 글로벌 대회인 '블리자드 챌린지Blizzard Challenge'에서 마이크로소프트와 IBM 등을 꺾고 2006년부터 11년 연속 1위를 기록하고 있고, 2016년 9월 미국 샌프란시스코에서 열린 제4회 '국제 다중통로 음성 분리와 식별 대회CHiME'에서도 3관왕을 차지했다. 커다쉰페이는 음성인식 기술의 적용 범위를 스마트폰뿐 아니라 자동차, 가전, 완구 등으로 확대하고 있다. 이미 중국 내 1만 개 이상의 중·고등학교에서 커다쉰페이의 인공지능 제품이 학생별 맞춤형 교육에 활용되고 있다.

바이두가 인공지능 기술 개발에 적극 나서는 이유

바이두가 인공지능 기술 개발에 적극 나서는 이유는 미래 성장동력을 확보하기 위한 측면도 있지만, 중국 기업들의 인공지능 기술 혁신이 바이두에 심각한 위협이 되고 있기 때문이다. 바이두를 위협하고 있는 대표적인 회사로 미디어 스타트업인 진르터우탸오를 꼽을 수 있다. 2012년에 설립된 이 회사는 설립된 지 5년 만에 바이두를 제치고 중국 최대 뉴스 플랫폼으로 부상했다. 진르터우탸오가 부상하기 전까지만 하더라도 중국인들은 뉴스를 보기 위해 바이두 홈페이지에 들어가 바이두가 자체적으로 편집한 콘텐츠를 보는 것에 익숙해

중국 뉴스 앱 순위(2017년 3분기)

순위	애플리케이션	주간 활성 사용 비율	이용자당 주간 앱 사용 횟수
1	진르터우탸오	16.15%	142.7
2	텐센트신문腾讯新闻	10.93%	225.5
3	진르터우탸오 급속판极速版	7.15%	127.7
4	텐텐콰이바오天天快报	6.31%	218.1
5	시나신문新浪新闻	2.67%	23.9
6	이뎬쯔쉰一点资讯	2.35%	62.3
7	터우탸오르바오头条日报	1.66%	23.0
8	소후신문搜狐新闻	1.44%	15.5
9	취터우탸오趣头条	1.44%	113.6
10	넷이즈신문网易新闻	1.25%	34.7

출처: 치타데이터(Cheetah Data)

출처: 진르터우탸오 홈페이지

바이두를 제치고 중국 최대 뉴스 플랫폼으로 떠오른 '진르터우탸오'. 진르터우탸오의 핵심 경쟁력은 인공지능과 기계학습을 활용해 사용자에게 최적화된 뉴스 콘텐츠를 전달하는 데 있다.

져 있었다. 하지만 이제는 바이두가 아닌 진르터우탸오 홈페이지에 접속해 인공지능이 자신의 취향에 맞게 편집한 콘텐츠를 보는 것이 대세로 자리 잡았다. 진르터우탸오의 핵심 경쟁력, 즉 인공지능과 기계학습을 활용해 사용자에게 최적화된 뉴스를 전달하는 서비스가 중국인들의 인기를 끌고 있기 때문이다. 이에 따라 진르터우탸오는 월 활성사용자가 1억 7,500만 명, 평균 체류 시간이 76분에 이르는 초대형 뉴스 플랫폼(기업가치는 110억 달러로 추산)으로 성장했다. 이처럼 뉴스를 보는 채널에 변동이 생기는 것은 트래픽이 생명인 포털 업체 입장에서는 심각한 도전일 수밖에 없다. 진르터우탸오의 핵심 경쟁력은 인공지능과 기계학습을 활용해 사용자에게 최적화된 뉴스를 전달하는 데 있다. 바이두가 진르터우탸오를 따라잡기 위해 콘텐츠 공유 플랫폼인 바이두바이자百度百家를 만들었지만 당분간 진르터우탸오를 넘어서기는 어려울 것으로 보인다.

글로벌 시장의 판도를 바꾸는 중국의 전기차 굴기

중국의 '전기차 굴기崛起'가 본격화하고 있다. 정부가 전기차 산업에 막대한 예산을 지원하고 있는 가운데, 민간기업들도 폭발적으로 성장하는 시장에 공격적으로 투자하고 있다. 2015년에 시진핑 국가 주석은 "전기차 발전은 중국이 자동차 대국에서 자동차 강국으로 가는 필수 관문"이라고 언급하며 전기차 산업의 당위성을 강조한 바 있다. 제조업 청사진인 '중국제조 2025'에서 2020년까지 전기차 누적 판매량 목표치를 500만 대로 제시한 것도 이 같은 의지가 반영된 결과다. 현재 중국의 전기차 시장은 빠른 성장세를 거듭하고 있다. 내연기관 자동차 시장이 경기 둔화와 환경 규제 강화 등으로 둔화하고 있는 것과 대조적이다. 실제로 중국의 전기차 생산량과 판매량은 2015년부터 미국을 제치고 1위를 차지하고 있다. 여기에 BYD와 같은 전기차 업체뿐 아니라 내연기관 제조업체, 대형 ICT 업체들도 전기차 시장에 경쟁적으로 뛰어들며 판을 키우고 있다. 이들 기업은 기술 혁신과 M&A 등을 통해 중국 전기차 시장에서 주도권을 잡으려고 고군분투하고 있다. 이를 위해 중국 정부는 2018년부터 신차 생산량의 8%를 전기차로 강제하고 이후 이 비율을 점차 높이는 의무생산 제도를 실시하는 데 이어 가솔린과 디젤 등 내연기관 자동차 판매를 중단하는 시점을 검토하고 있다.

중국 정부가 전기차 시장 확대에 적극 나서는 배경에는 대기오염을 개선하고 제조업의 혁신을 가속화하려는 다목적 포석이 깔

전 세계 국가별 전기차 판매 순위(2017년 1~9월)

순위	국가	전기차 판매량(대)	전체 자동차 판매량(대)	전기차 판매 비중
1	중국	424,892	20,219,965	2.1%
2	미국	140,191	12,801,207	1.1%
3	노르웨이	43,111	148,567	29.0%
4	독일	37,193	2,882,362	1.3%
5	일본	36,308	4,054,367	0.9%
6	영국	32,685	2,392,296	1.4%
7	프랑스	30,815	1,922,366	1.6%
8	스웨덴	13,464	325,486	4.1%
9	캐나다	12,020	1,618,468	0.7%
10	한국	9,245	1,346,214	0.7%
11	벨기에	9,011	503,570	1.8%
12	네덜란드	6,447	394,429	1.6%
13	오스트리아	5,544	308,025	1.8%
14	스페인	5,283	1,100,032	0.5%
15	스위스	4,563	258,948	1.8%
16	이탈리아	3,448	1,684,075	0.2%
17	포르투갈	2,693	202,748	1.3%
18	핀란드	2,069	107,062	1.9%
19	아이슬란드	2,064	20,262	10.2%
20	호주	1,215	889,168	0.1%

* 전기차 판매량은 순수전기차(EV)와 플러그인하이브리드(PHEV)를 합한 수치다.
출처: SNE리서치, 〈2017년 11월 Global EV and Battery Shipment Tracker〉

차이나 이노베이션

려 있다. 현재 중국의 대기오염 문제는 심각한 사회적 문제를 초래할 만큼 악화된 상태다. 이에 중국 정부는 단기적으로 차량 홀짝제 운행과 대기오염 배출 공장에 대한 조업 활동 제한 등의 강력한 행정조치를 취하고, 중장기적으로는 전기차를 육성해 대기오염의 주범인 자동차 매연을 줄이려 하고 있다. 이와 관련해 중국 환경보호부는 원래 2020년까지 대도시 지역에 도입하기로 했던 '국6國6(유럽연합이 시행하는 '유로6'와 비슷한 수준의 배출가스 규제)'을 2017년에 조기 도입했고, 2020년에는 이를 중국 전역에 확대 도입할 예정이다.

글로벌 시장에서 대세로 자리 잡은 전기차 산업을 선점하려는 것도 중국이 전기차 육성에 매진하는 이유다. 사실 자동차 산업은 중국의 주요 산업들 가운데 외국계 합작회사에 대한 의존도가 가장 높은 산업이다. 2000년 이후 중국 자동차 시장이 빠르게 성장했음에도 불구하고 성장의 과실이 대부분 외국 자동차 업체들에게 돌아간 것도 이 때문이다. 최근 들어 중국 로컬 자동차 업체들의 기술력이 많이 향상되었다고는 하지만 SUV 시장을 제외하고는 여전히 글로벌 자동차 브랜드에 밀려 힘을 쓰지 못하고 있는 것이 현실이다. 글로벌 자동차 업체들이 지난 100여 년간 축적해온 내연기관 기술 노하우가 높은 진입장벽으로 작용하고 있기 때문이다. 이러한 상황에서 중국 정부와 로컬 업체들은 전기차 시장을 확대함으로써 내연기관 중심의 기존 경쟁 질서를 일거에 뒤집고 자동차 산업을 새롭게 재편하려 하고 있다.

사실 중국 전기차 산업의 발전이 처음부터 순조로웠던 것은 아니다. 중국 정부가 2009년에 전기차 관련 정책을 수립할 당시 2015년까지 전기차 누적 판매 목표량은 50만 대였으나, 2013년 말의 누적 판매 실적은 4.7만 대에 불과했다. 목표치의 10분의 1에도 미치지 못한 것이다. 외형적인 성장에 치중한 나머지 글로벌 업체들과의 기술 격차를 과소평가했고, 충전 인프라 보급에도 소극적이었던 것이 원인이었다.

하지만 이후 중국 정부가 좀 더 적극적인 육성 정책으로 전환하면서 중국의 전기차 산업은 본격적으로 성장하기 시작했다. 다음 그래프에서 보듯이 2014년 7.5만 대에 불과하던 전기차 판매량은 2016년에 50.7만 대로 증가했다. 중국 정부의 전폭적인 지원과 로컬 자동차 업체들의 적극적인 투자가 시너지 효과를 냈기 때문이다. 그리고 이 같은 추세는 앞으로 더욱 가속화할 것으로 보인다. 단적으로 2019년부터 실시되는 '전기차 의무생산제'는 중국 전기차 시장 확대에 촉매제 역할을 할 전망이다. 전기차 의무생산제란 중국 내 모든 자동차 업체들이 현지 생산량 중 일정 비율 이상을 전기차로 생산해야 한다는 규정이다. 중국 정부는 이 비율을 2019년 10%에서 2020년에는 12%까지 올릴 예정인데, 만약 이 비율을 만족시키지 못하면 해당 업체는 그에 상응하는 벌금을 내야 한다. 이에 BYD와 상하이자동차 등 로컬 업체뿐 아니라 토요타, 폭스바겐, 포드 등 중국에 진출한 글로벌 업체들도 전기차 사업에 적극 투자하고 있다. 중국자동차협회는 2020년까지 중국의 전기차 판매량이 210만 대로 늘어나고 전기차 침투율(신규 판매 차량 대비 전기차 비중)은 7%까지

차이나 이노베이션

중국 전기차 판매 전망

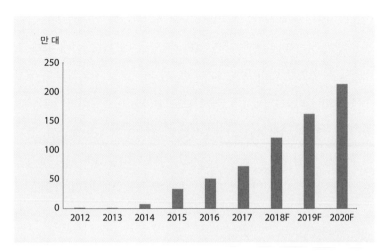

만 대

* 순수전기차(EV), 플러그인하이브리드(PHEV), 저속전기차를 포함한 판매량임.
출처: 중국자동차공업협회

올라갈 것으로 전망했다. 중국의 전기차 시장이 급성장하면서 글로벌 전기차 시장에서 중국이 차지하는 비중도 빠르게 높아지고 있다. 2013년에는 중국의 비중이 8%에 불과했으나 2020년에는 42%를 차지하며 명실공히 글로벌 전기차 시장의 '슈퍼파워'로 등극할 것으로 예상된다. 불과 2~3년 전만 해도 존재감이 크지 않았던 중국이 글로벌 전기차 시장의 판도를 바꾸는 핵심 플레이어로 급부상하고 있는 것이다.

앞서 언급했듯이 중국 전기차 시장의 급성장을 이끈 일등공신은 중국 정부다. 중국 정부의 전기차 육성책은 크게 보조금 및 세제 혜택, 전기차 인프라 구축, 환경 규제 강화, 수요 확대 정책 등으로 이뤄져 있다. 2016년까지 중국 정부는 순수전기차^{EV}와 플러그인하이브리드^{PHEV}에 대해 각각 최대 5.5만 위안과 3만 위안의 보조금을 지급했고, 취득세 면제와 같은 세제 혜택도 제공했다. 이에 따라 소비자들은 출고가 대비 최대 50% 할인된 가격으로 전기차를 구매할 수 있게 되었다. 여기에 전기 충전으로 절약되는 연료비까지 감안하면 전기차의 가격경쟁력은 내연기관 자동차에 뒤지지 않는다. 전기차 확대를 당위적인 목표로만 내세운 것이 아니라 소비자들이 실제로 구매하고 싶은 유인을 느낄 수 있도록 중국 정부가 정책을 설계한 것이다.

중국 정부는 자국 내에서 생산한 전기차에 대해서만 보조금 혜택을 줌으로써 로컬 업체가 성장할 수 있는 발판을 마련해주는 한편, 경쟁력을 상실한 기업들은 구조조정되도록 유도하고 있다. 다만 중국 정부의 보조금이 언제까지나 지속되지는 않을 것이다. 보조금과 관련된 크고 작은 부작용들이 발생하고 있기 때문이다. 예를 들어 전기차 기업들이 보조금을 타내기 위해 실제로는 판매하지 않은 차량을 자회사에 넘겼다고 보고하거나, 결함이 있거나 미완성 상태의 차량을 팔았다고 신고한 뒤 다시 되돌려받는 식이다. 이처럼 전기차 보조금을 악용하는 사례가 끊이지 않자 중국 정부는 2017년부터 전기차 보조금을 점진적으로 축소해 2021년 이후에는 보조금을 전면 폐지하겠다는 계획을 발표했다. 여기에는 보조금이 초래하는 자원 배분 왜곡 현상을 바로잡겠다는 의도와 함께 2020년경이면 전기차 시장이 자생적으로 성장할 수 있다는 계산이 깔려 있다.

차이나 이노베이션

중국 전기차 시장의 주요 플레이어

중국 전기차 업계의 대표 기업인 BYD는 1995년에 배터리 제조업체로 시작했고, 2003년에 국영기업인 친촨자동차秦川汽车를 인수하면서 자동차 산업에 본격적으로 뛰어들었다. 2008년에는 투자의 귀재, 워런 버핏Warren Buffett이 BYD의 지분 10%를 2.3억 달러에 사들이면서 주목받기도 했다. 이후 2009년부터 BYD는 전기차 시장에 본격적으로 진출하기 시작했다. 배터리와 같은 핵심 부품은 물론 완제품에 이르기까지 수직계열화를 이뤄냈고, 현재 기술력과 시장점유율 면에서 중국 전기차 시장의 선두를 달리고 있다. 특히 콤팩트 세단 '친Qin'과 콤팩트 SUV인 '탕唐'이 소비자들로부터 상당한 인기를 누리고 있다. 이 같은 판매 호조에 힘입어 2016년 BYD의 매출은 전년 대비 29% 증가한 1,035억 위안을 기록했고, 당기순이익도 전년 대비

레오나르도 디카프리오가 광고 모델로 나오는 BYD의 SUV '탕'

출처: BYD 홈페이지

79% 증가한 50.5억 위안을 기록했다. 한편 BYD는 배터리 부문에서도 두각을 나타내고 있다. BYD의 전기차용 배터리 출하량은 전기차 판매 증가에 힘입어 2016년에 7,907MWh를 기록했는데, 이는 국내 최대 배터리 업체인 LG화학의 4배에 이르는 수치다.

베이징자동차BAIC도 빼놓을 수 없다. 베이징자동차는 내연기관 자동차 부문에서 벤츠와 현대 등 글로벌 완성차 업체들과 협력해 빠른 성장세를 이뤄낸 것처럼 전기차 부문에서도 글로벌 기업들과 협력해 역량을 강화하고 있다. 2009년에 GM의 자회사인 사브SAAB를 인수해 습득한 기술력을 바탕으로 2010년에 전기차를 생산하기 시작했고, 이어 포톤Foton, 풀리드Pulead 등과 함께 전기차 배터리 시스템 솔루션을 제공하는 합작회사를 설립했으며, 2011년에는 브로드오션Broad-Ocean Motor, 大洋电机과 함께 전기차 모터 및 제어 시스템 사업을 시작했다. 또한 2014년에는 IT 기업인 러스왕乐视网과 함께 미국 전기차 제조업체인 아티바Atieva의 지분 25.2%를 인수해 최대주주가 되었으며, 2015년에는 독일 지멘스Siemens와 전기차 파워트레인 업체를 설립했다. 이처럼 베이징자동차는 글로벌 전기차 관련 업체들과 협력해 후발주자의 약점을 극복하고 있다.

중국 최대 친환경 버스 생산업체인 정주우통버스宇通客车 역시 주목할 만하다. 허난 성 정저우 시에 위치한 정주우통버스는 높은 기술력과 생산력을 바탕으로 중국에서 불고 있는 전기차 열풍의 최대 수혜자 중 하나가 될 것으로 보인다. 전기차가 대중화하는 과정에서 전기버스가 확산되는 것은 당연한 수순이기 때문이다. 일반 전

차이나 이노베이션

기차가 아직까지 짧은 주행거리와 충전 인프라 부족 등의 문제점을
갖고 있는 상황에서 고정된 운행 루트와 충전 시설을 갖춘 전기버스
는 전기차 수요 확대의 견인차 역할을 할 가능성이 매우 높다.

글로벌 드론 시장을 장악한 중국

드론은 무선 원격제어 장치로 조종할 수 있는 무인 항공기UAV, Un-
manned Aerial Vehicle를 의미한다. 애초 드론은 미국에서 군사적인 목적으
로 개발되어 정찰·감시 등의 임무를 수행했지만, 이후 기상·농업·
물류·엔터 등 다양한 분야에서 수요가 폭발적으로 늘어나며 상업
용 드론 시장 규모가 빠르게 커졌다. 세계 드론 시장 규모는 2015년
81억 달러에서 2020년에는 115억 달러에 이를 것으로 전망된다. 현
재까지 드론 시장에서 대부분을 차지하는 것은 정부가 주요 수요처
인 군수용 드론이다. 그러나 민간 드론이 차지하는 비중이 최근 27%
까지 올라가며 드론 산업의 성장을 이끌고 있다.

　　현재 드론 시장을 양분하고 있는 것은 미국과 중국이다. 미국
은 전 세계에서 드론 기업 수가 가장 많고 군사용 드론 시장에서 압
도적인 우위를 보이고 있다. 특히 보잉Boeing, 록히드마틴Lockheed Mar-
tin, 레이시언Raytheon 등 군수업체를 중심으로 세계 드론 시장의 60%
이상을 점유하고 있다. 그리고 미국 공군이 2025년까지 전투기의
3분의 1을 드론으로 대체할 것이라고 밝힌 것처럼 군수 부문의 드

론 수요는 앞으로도 꾸준히 증가할 것으로 보인다. 이와 함께 최근 들어 기술 혁신과 생산비용 절감으로 민간 드론의 수요도 빠르게 커지고 있다. 이에 아마존, 구글, 애플 등 미국의 주요 기업들은 드론의 다양한 활용 가능성에 주목하며 이미지 솔루션이나 가상현실 등과 융합을 시도하는 한편, 드론을 활용한 비즈니스 모델을 개발하는 데 주력하고 있다. 일례로 아마존은 드론을 활용한 배송 서비스 '프라임에어PrimeAir'를 상용화하기 위한 투자를 지속하고 있으며, 애플은 드론을 활용해 지도 서비스 기능을 업그레이드하고 있다.

미국이 군수용을 중심으로 소프트웨어와 플랫폼 부문에서 비교우위를 가졌다면, 중국은 하드웨어 부문에서 비교우위를 가지고 있다. 특히 엔진 기술의 진입장벽이 높은 군수용 대신 기술 수준이 상대적으로 낮고 대량생산으로 가격경쟁력 확보가 용이한 상업용 드론 시장에서 확고한 경쟁력을 갖추고 있다. 이 같은 차이는 양국 주력 기업들의 성격에서도 나타난다. 미국의 경우 보잉이나 록히드 마틴과 같이 대규모 항공기·무기 회사가 드론 산업을 주도하는 반면, 중국은 DJI나 이항과 같은 스타트업 기업들이 기술 발전과 시장 확대를 이끌어가고 있는 것이다. 특히 중국은 시장 수요에 맞는 제품을 출시하기 위해 기업별로 제품의 전문화가 이뤄졌으며 개방적인 혁신 시스템이 잘 갖춰져 있다.

2017년 5월 글로벌 최대 드론 업체인 DJI는 손바닥만 한 크기의 초소형 드론 '스파크Spark'를 출시했다. 스파크는 탑재된 카메라로 사용자의 얼굴과 손을 인식해 별도의 컨트롤러나 스마트폰 없

DJI의 초소형 드론 '스파크'

출처: DJI 홈페이지

이 손동작만으로 드론을 조종할 수 있는 '팜 콘트롤Palm Control' 기술
이 적용된 세계 최초의 드론이다. 본체의 크기는 5.2인치 스마트폰
보다 작고 무게는 350ml 캔 음료보다 가볍지만, 장애물 감지 기능에
서부터 자동 귀환, 호버링Hovering(정지 비행) 등 첨단 기능을 탑재하
고 있다. 가격은 499달러로 DJI의 베스트셀러 드론인 '매빅 프로Mavic
Pro'(999달러)의 절반 가격에 불과하다. DJI가 상대적으로 비싼 가격
과 어려운 조작 방법 때문에 드론 구입을 망설였던 일반인을 공략하
기 위해 내놓은 야심작이다.

이처럼 현재 중국의 드론 산업은 ICT 기술과 융합되면서 눈
부신 발전을 거듭하고 있다. '드론계의 애플'로 불리는 DJI가 세계
상업용 드론 시장의 70%를 차지하고 있으며 또 다른 드론 생산업체

인 이항Ehang은 세계 최초로 사람을 태울 수 있는 유인 드론을 개발한 것이 단적인 예다. 중국의 드론 산업은 중국 정부의 적극적인 지원과 거대 ICT 기업의 공격적인 투자에 힘입어 군사용, 인명 구조에서부터 택배, 엔터테인먼트, 농지 관리 등으로 그 활용 범위가 크게 넓어지고 있다.

중국 드론 산업 성장의 원동력

그렇다면 중국의 드론 산업이 이렇게 빠르게 성장할 수 있었던 배경은 무엇일까? 우선 방대한 내수시장을 바탕으로 중국 정부가 드론 산업 육성에 적극 나섰기 때문이다. 중국 정부는 여타 첨단 산업에서 그랬듯이 드론 산업에서도 ICT 기업들이 주도권을 갖고 사업을 추진할 수 있는 법적·제도적 환경을 구축하는 데 중점을 두었다. 즉, 사전 승인보다 사후 보완에 방점을 찍고 규제를 완화하고 자유로운 시장 환경을 조성한 다음 이후에 발생하는 문제점들을 보완하는 정책적 스탠스를 취한 것이다. 관련 규제를 완화해 일정 기준 이하의 드론은 당국의 사전 승인 없이 비행이 가능하도록 한 것이 대표적이다. 기술 경쟁력을 갖추고 있음에도 각종 규제장벽에 막혀 정체 상태에 있는 국내 드론 산업과 대조적인 모습이다. 최근 들어 중국 정부가 안전과 보안을 이유로 민간용 드론에 대한 실명제를 실시하는 일부 규제를 강화하고 있지만 기술 수용적 자세를 유지하고 있는 것에는 변함이 없다.

중국이 든든한 제조업 인프라를 바탕으로 저비용의 양산 체제를 갖춘 점도 빼놓을 수 없다. DJI의 대표적인 제품인 '팬텀Phantom'은 동일 사양의 해외 제품과 비교해 가격이 절반 수준에 불과하다. 여기에 일반인들이 손쉽게 사용할 수 있는 모델과 소프트웨어를 개발하면서 드론이 대중화하는 데 크게 기여했다. 중국에서 2010년 이후 일반 소비자용 드론 시장이 폭발적인 성장세를 보이고 DJI가 전세계 상업용 드론 시장의 70%를 차지하게 된 것도 이러한 강점이 작용했기 때문이다. 중국 드론 생산업체들이 가격과 기능 면에서 강세를 나타내자 글로벌 드론 업체들이 적지 않은 타격을 입고 있다. 최근 북미 최대 드론 업체인 3DR3DRobotics이 취미용 드론 시장에서 철수를 준비하고 있고, 유럽 시장을 선도했던 프랑스 기업 패럿Parrot 역시 매출 부진으로 직원의 3분의 1을 감축하는 대규모 구조조정에 나서고 있다.

중국의 상당수 드론 업체들이 하드웨어의 실리콘밸리로 불리는 선전에 위치하고 있는 것은 결코 우연이 아니다. 현재 선전에는 중국의 400여 개 드론 업체 중 300여 개 이상이 위치해 있다. 뜨거운 창업 열기 속에서 우수한 인재와 벤처 자금이 몰리는 데다, 선전이 갖춘 든든한 제조업 인프라가 시너지 효과를 발휘하고 있기 때문이다. 선전 시도 '선전 시 항공우주 산업 발전 규획(2013~2020년)'을 제정하는 등 드론 산업 육성을 위해 법적·제도적 지원을 아끼지 않았다. 특히 선전은 중국 스마트폰의 생산거점이기도 한데, 스마트폰

생산에 필요한 GPS · 가속도계 · 배터리 · 각종 센서 등의 핵심 기술이 드론 생산에도 동일하게 적용되기 때문에 핵심 기술과 원가경쟁력 면에서 비교우위를 제공하고 있다.

이러한 환경을 토대로 중국의 드론 시장은 빠르게 확대되고 있다. 다음 그래프에서 보듯이 2015년 23억 위안이던 중국 민간용 드론 시장 규모는 매년 50%가 넘는 성장률을 유지하고 있으며 2018년에는 81억 위안을 기록할 것으로 전망된다. 2010년대 초반만해도 드론의 용도가 군사용이나 재해 구호, 지도 제작 등에 국한되어 있으나 DJI의 보급형 드론이 나오면서 본격적인 성장기를 맞이하게 되었다. 이후 드론 생산업체들은 저렴한 드론을 생산하는 것에 그치지 않고 사용자의 편의성을 높이기 위한 UX User Experience (사용자 경험), UI User Interface (사용자 인터페이스) 개발에 적극 나서기 시작했다. 동시에 드론의 활용 분야도 엔터테인먼트, 농업, 물류, 보안 등으로 확대되면서 중국 드론 시장은 고속 성장기에 진입했다. 이뿐만 아니라 혁신 기술로 무장한 많은 스타트업들이 드론을 기반으로 한 다양한 비즈니스 모델을 만들면서 탄탄한 드론 산업 생태계가 구축되고 있다. 하드웨어와 소프트웨어, 사업 모델 등 드론 산업의 성장을 위한 삼박자가 맞아떨어지고 있는 것이다. 중국 시장조사기관인 아이리서치에 따르면 2025년이 되면 중국의 민간용 드론 시장 매출 규모는 750억 위안(약 12조 7,000억 원)으로 성장할 것으로 전망된다.

중국의 드론 산업은 단순히 내수시장에 의존해 성장하는 것이 아니다. 해외 시장에서도 가격경쟁력과 기술력을 인정받으면서 수

중국 민간용 드론 시장 규모 추이

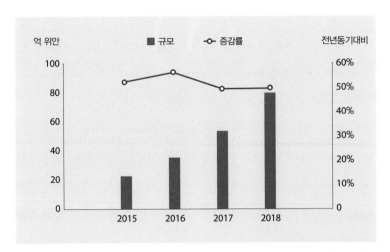

출처: 즈옌쯔쉰(智研咨询)

요가 급속히 증가하고 있다. 2011년 1,294만 달러에 불과했던 중국의 드론 수출 규모는 2016년에 10억 달러를 기록했다. 참고로 중국이 드론을 가장 많이 수출하는 국가는 미국이다. 2016년의 경우 전체 수출액의 40%가량이 미국으로 향했다. 그만큼 세계 시장에서도 가격경쟁력과 기술력을 인정받고 있는 것이다.

중국의 대표 드론 기업: DJI와 이항

2006년 중국 선전에서 왕타오Frank Wang가 창업한 DJI는 중국 기업 중진정한 의미의 글로벌 기업이라고 할 수 있다. 세계 드론 업계의 표준을 만들면서 가파른 성장세를 거듭하고 있으며 해외 매출액 비중이 전체 매출의 80%(100여 개 국가에 판매)에 이른다. DJI가 내놓은 'X'자 형태의 프레임에 네 개의 회전날개를 설치한 '쿼드콥터quadcopter' 구조는 이제 드론의 표준으로 자리 잡았다.

다음 표는 중국 드론 산업 밸류체인value chain(가치사슬)에 속한 기업들을 나타낸 것이다. 여기서 보듯이 DJI는 연구개발·조립에서부터 판매·애프터서비스에 이르기까지 핵심 밸류체인의 수직계열화를 구축하고 있을 뿐 아니라 각 영역에서도 확고한 기술적 확고한 우위를 점하고 있다.

2013년 1월에 출시된 '팬텀1Phantom1'은 DJI 성공의 일등공신이다. 저렴한 가격에 고화질 카메라를 장착한 팬텀1은 중국뿐 아니라 전 세계에 걸쳐 드론의 대중화를 이끌었다. 이후 DJI는 거의 반년마다 신제품을 내놓는 속도전으로 경쟁사를 압도했다. 팬텀1 출시뒤 1년도 안 돼 충돌방지 장치와 3축 짐벌gimbal을 탑재한 팬텀2를 출시했다. 이후 기능을 대폭 업그레이드한 팬텀3와 팬텀4를 시장에 내놓았고 인스파이어Inspire, 매빅Mavic 등 다양한 시리즈도 출시하면서 시장점유율을 높였다. 특히 팬텀4는 세계 최초로 인공지능 기술이 적용된 드론으로 장애물 회피 기능과 대상물을 후방에서 추격하는 액티브트랙ActiveTrack, 스마트폰 화면에 특정 지점을 누르면 그곳으로 이동하는 탭플라이Tapfly 기능이 탑재되어 있다. 이 같은 기술 혁신이 시장에서 호평을 받으며 DJI의 매출액은 매년 가파른 성장세를 거

드론 산업의 밸류체인

연구개발	부품·시스템 개발	조립	판매
DJI	JIYI	DJI	DJI
이와터Ewatt	이페이즈쿵一飞智控	이와터	징둥
JIYI极翼	LY로보틱스LYRobotix	JIYI	타오바오
지페이Xaircraft	퀄컴Qualcomm	지페이	위천宇辰
유닉Yuneec	드론디플로이DroneDeploy	유닉	에이버드Aibird
이항	유피에어UPair	이항	란텐페이양LTFY
3DR		3DR	엔조이Enjoy
제로테크ZeroTech		제로테크	
		MMC	

애프터서비스	사용 서비스	애플리케이션
DJI	DJI	지페이
제로테크	위천	파워비전
이와터	TTA Beijing TT Aviation Technology Co.	윈타이영상云台映象
이항	타이핑양보험太平洋保险	드론베이스 DroneBase
어헤드XAheadX	이항	스카이캐치Skycatch
에이버드	파워비전PowerVision	

듭하고 있다. 다음 장의 그래프에서 보듯이 2012년에 2,600만 달러였던 DJI의 매출액은 2016년에 15억 달러로 불과 4년 만에 60배 가까이 증가했다. 같은 기간 순이익 역시 800만 달러에서 4.6억 달러로 급증했다. 매출액 대비 순이익률은 30% 수준으로 수익성 면에서도 탁월한 성과를 보이고 있다. 이에 DJI는 유니콘을 넘어 데카콘

DJI 매출액 및 순이익 추이

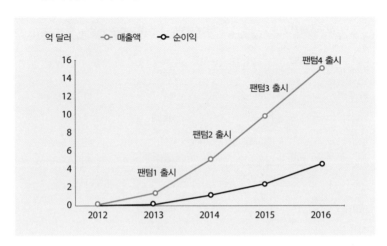

출처: 아이리서치 및 DJI 자료를 바탕으로 선대인경제연구소 작성

Decacorn(기업가치 100억 달러 이상)에 속하는 기업으로 성장했다.

    DJI가 빠른 성장과 높은 수익성을 기록한 것은 탄탄한 기술력이 뒷받침되었기 때문이다. DJI는 '기술에 미친 회사'라 불릴 만큼 기술 혁신에 매진하고 있다. 매출액의 7%가량을 R&D에 투자하고 있고, 전체 직원의 3분의 1에 해당하는 2,600명이 전문 연구 인력일 정도다. 창업자인 왕타오는 아직도 CEO와 CTO(최고기술책임자)를 겸하고 있다. 팬텀3가 기대만큼 완벽하지 않다는 이유로 2015년 뉴욕에서 열린 팬텀3 출시 행사장에 나타나지 않았던 것은 유명한 일화다. 이처럼 기술력을 중시한 결과 DJI는 드론의 브레인 역할을 하는 비행제어장치FC와 드론에 장착된 카메라가 흔들리지 않고 영상을 촬영할 수 있게 해주는 짐벌 분야에서 세계 최고 수준의 기술을

차이나 이노베이션

DJI의 'Phantom 4'. DJI가 처음 선보인 'X'자 형태의 프레임에 네 개의 회전날개를 설치한 '쿼드콥터' 구조는 이제 드론의 표준으로 자리 잡았다.

갖추고 있다. 또한 무선통신, 드론 제조 기술, 비행 안전 등에서도 상당한 기술력을 갖추고 있다.

　　DJI와 함께 중국의 양대 드론 업체로 꼽히는 이항은 2014년 4월 광둥 성에서 슝이팡雄逸放과 후화지 등이 공동 설립한 회사다. 이항은 설립 한 달 만에 복잡한 조종기 없이 스마트폰만으로 조종할 수 있는 '고스트Ghost'를 출시했고, 1년도 안 되어 70개국에 수출할 정도로 급성장했다. 이처럼 기술력과 상업성이 인정받으면서 GGV 캐피털과 세쿼이아캐피털 등 실리콘밸리의 주요 벤처캐피털들들이 거액을 투자했고, 이를 바탕으로 이항은 본격적인 성장궤도에 들어섰다. 특히 미국에서 열린 CES 2016에서 세계 최초로 사람을 태울 수 있는 유인 드론 '이항184'를 선보이며 전 세계의 주목을 받았는데, 이항184는 100kg 이하 승객 1명을 태우고 최대 시속 160km로 30분간 비행할 수 있다. 이항은 두바이 정부와 손잡고 오는 7월부터 두바이에서 이항184를 시범 운행할 예정이다.

이 밖에도 중국에는 물류산업과 농업 부문에 특화된 지페이, 치안·감시 부문의 중대형 드론에 주력하고 있는 제로테크, 전자 비행 제어 등의 핵심 기술을 확보한 이와터 등 400여 개의 드론 업체들이 치열하게 경쟁하고 있다. 뿐만 아니라 알리바바, 바이두, 샤오미 등 거대 ICT 기업들도 드론의 활용 가능성에 주목해 과감한 투자를 지속하고 있어 중국에서 드론 산업의 성장은 상당 기간 지속될 것으로 전망된다.

4차 산업혁명 시대, 로봇이 이끈다

중국의 로봇 산업이 가파른 성장세를 보이고 있다. 제조대국에서 제조강국으로 발돋움하려는 중국에게 로봇을 활용한 생산성 향상과 제조 기술 고도화는 선택이 아닌 필수다. 특히 중국 제조업의 메카인 광둥 성과 저장 성을 중심으로 로봇을 생산 공정에 도입하는 공장들이 확산되고 있다. 중국의 고속 성장을 이끌었던 값싸고 풍부한 노동력이 고갈되고 있고, 젊은 세대 역시 노동 여건이 열악한 작업 현장에서 일하기를 꺼리기 때문이다.

실제로 2013년 이후 중국의 로봇 판매량은 일본, 한국, 독일 등을 제치고 세계 1위로 부상했다. 2012년에 2.3만 대였던 중국의 산업용 로봇 판매량은 제조 공정 자동화가 빠르게 진행되면서 2020년에는 21만 대에 이를 것으로 전망된다. 동시에 중국이 글로벌 로봇 시장에서 차지하는 비중도 2020년에 40%를 넘어설 전망이다. 과거 선진국들이 쥐고 있던 글로벌 로봇 산업의 주도권이 중국으로 빠르게 이동하고 있는 것이다. 더욱이 아직까지 중국의 로봇 밀도(근로자 1만 명당 가동되는 로봇의 수)는 49대(2015년 기준)로 한국(531대)은 물론 세계 평균(69대)에도 미치지 못하는 수준이다. 중국 로봇 산업의 성장 잠재력이 그만큼 크다는 의미다. 중국 정부는 2020년까지 로봇밀

중국 산업용 로봇 판매량 추이

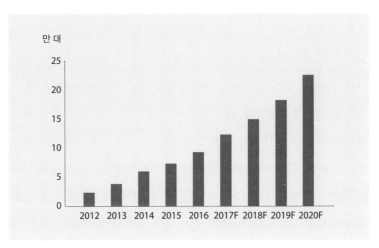

출처: 국제로봇연맹

도를 150대 수준으로 높이려는 목표를 갖고 있어 중국의 로봇 산업은 앞으로 더욱 가파르게 성장할 것으로 전망된다.

중국 정부는 12.5규획에서 로봇 산업을 국가 전략 산업으로 지정했고, 2015년에 발표한 중국제조 2025에서는 로봇 산업을 10대 중점 전략 산업 중 하나로 선정하면서 로봇 생산을 확대하기 위해 톈진, 상하이, 충칭 등에 산업용 로봇 생산단지를 조성했다. 이어 2016년 3월에는 로봇 산업 마스터플랜인 '로봇 산업 발전 계획 2016~2020机器人产业发展规划'을 발표하고 산업구조 업그레이드를 위한 구체적인 계획과 목표들을 공개했다. 이 계획에 따르면 중국의 산업용 로봇 생산량은 2020년까지 연간 10만 대로 증가하고, 서비스 로봇 시장 규모 역시 300억 위안 수준이 될 전망이다.

중국 정부가 로봇 산업 육성에 적극 나서는 이유는 생산가능인구 감소와 고령화에 따른 인구 위기가 그만큼 심각하기 때문이다. 특히 제조업이 밀집된 동남부 연안 지역에서 인력난이 심화하며 산업용 로봇 수요가 급증하고 있다. 실제로 몇 년 전까지만 하더라도 매년 1,000만 명씩 증가하던 생산가능인구가 저출산과 고령화의 여파로 2013년을 정점으로 감소하기 시작했다. 지난 30년간 중국 경제의 고도성장을 견인해온 값싸고 풍부한 노동력이 빠르게 사라지고 있는 것이다. 이뿐만 아니라 노동인구가 감소하면서 중국 근로자들의 임금도 가파르게 상승하고 있다. 중국 정부가 내수 소비 부양을 위해 의도적으로 최저임금을 높이는 것도 영향을 미치고 있지만, 중국 근로자들의 임금 상승은 근본적으로 노동 공급이 감소하고 있기

중국 정부가 로봇 산업 육성에 적극 나서는 이유는
생산가능인구 감소와 고령화에 따른 인구 위기가 그
만큼 심각하기 때문이다. 지난 30년간 중국 경제의
고도성장을 견인해온 값싸고 풍부한 노동력이 빠르
게 사라지고 있는 것이다. 잠재 노동인구가 감소하면
서 근로자 임금이 상승하면 노동생산성이 저하되는
것은 불가피하다. 중국 정부와 기업들이 산업용 로봇
도입에 열을 올리고 있는 이유다.

때문이다. 이처럼 잠재 노동인구가 감소하면서 근로자 임금이 상승하면 노동생산성이 저하되는 것은 불가피하다. 중국 정부와 기업들이 산업용 로봇 도입에 열을 올리고 있는 이유다. 무엇보다 제조업을 둘러싼 글로벌 경쟁이 치열해지고 있는 상황에서 주력 수출 품목을 노동집약형 상품에서 기술집약형 상품으로 전환하고 있는 중국이 로봇을 활용한 스마트 제조 생산설비를 확대하는 것은 거스를 수없는 흐름이다.

중앙 정부의 로봇 산업 육성책에 발맞춰 지방정부들도 잇따라 로봇 산업 관련 투자를 확대하고 있다. 현재 광둥 성, 장쑤 성 등 중국 전역에 걸쳐 40여 곳의 로봇 산업단지가 구축·운영되고 있다. 특히 노동집약형 제조업에 대한 의존도가 크고 인건비 상승으로 재정난을 겪고 있는 지방정부일수록 보조금 지원과 세제 혜택으로 로봇 산업 발전을 독려하고 있다. 사실 중국 정부가 로봇 산업과 관련해 아무리 좋은 계획을 내놓아도 현장에서 이를 집행하는 지방정부가 소극적인 태도를 보이면 정책 효과가 반감될 수밖에 없다. 이런 점에서 주요 지방정부들이 로봇 산업 육성에 경쟁적으로 나서고 있는 것은 중국 로봇 산업 발전의 큰 기여 요인이라 할 수 있다.

중국 기업들도 적극적으로 움직이고 있다. 풍부한 자금력을 바탕으로 글로벌 로봇 기업을 사들이는 한편, 중앙·지방정부의 지원에 힘입어 로봇 생산량을 빠르게 늘리고 있다. 글로벌 경기 부진이 지속되는 가운데 임금 상승으로 경영난에 처하게 되자 제조공정 자동화로 돌파구를 마련하고 있는 것이다. 무엇보다 갈수록 치열해

차이나 이노베이션

출처: 쿠카 홈페이지

중국의 대형가전 업체인 메이디는 2016년 글로벌 4대 산업용 로봇 업체인 독일의 쿠카를 인수하며 로봇을 활용한 제조공정 자동화를 추진하고 있다.

지는 글로벌 경쟁에서 살아남기 위해서 로봇을 활용한 고부가가치 제품을 생산해야 하는 필요성이 커지고 있다. 중국의 대형가전 업체인 메이디美的가 글로벌 4대 산업용 로봇 업체인 독일의 쿠카KUKA를 인수합병한 것이 대표적인 사례다.

로봇으로 폭스콘 일자리 6만 개 사라져

물론 중국의 로봇 산업은 여전히 많은 과제를 안고 있다. 중국이 세계 최대 로봇 시장으로 발돋움하면서 주요 기업들이 괄목할 만한 성과를 보이고 있지만, 대부분의 로컬 로봇 기업들은 규모가 영세하고 핵심 기술을 확보하지 못해 경쟁력이 뒤처진다. 실제로 중국 로컬 업체의 90%는 연 매출이 1억 위안 미만인 소규모 업체들이다. 규모가 작다 보니 독자적인 연구개발을 할 수 있는 역량이 부족하고, 정밀감속기와 제동기 등 로봇 생산에 필요한 핵심 부품들을 일본이나 독일 등지에서 수입하고 있는 실정이다. 더욱이 이들 로컬 업체들은 기술장벽이 낮은 저부가가치 제품 영역에 몰려 있어 향후 구조조정을 통한 옥석 가리기가 불가피하다.

한편 로봇의 증가는 중국의 생산성을 높이는 긍정적인 면도 있지만, 반대로 임금 상승 억제와 실업률 상승 등 사회적 문제를 야기할 가능성이 있다. 로봇 도입에 따른 노동력 대체가 본격화할 경우 내수 성장의 바탕이 되는 가계소득 증가를 억제하고 일자리를 줄여 사회 불안정을 키울 수 있기 때문이다. 실제로 애플의 아이폰 제조사로 유명한 폭스콘이 중국 장쑤 성 쿤산昆山에 있는 공장에 로봇 생산 시스템을 도입한 이후 근로자 11만 명 중 6만 명이 일자리를 잃었다. 이 같은 현상은 쿤산뿐 아니라 수출제조업이 집중된 동부 지역에서도 광범위하게 나타나고 있다. 중국 정부가 아직까지는 로봇 산업 육성을 통한 제조업 업그레이드에 더 무게를 두고 있지만, 머지않아 실업 문제 악화와 같은 부작용을 고민해야 할 때가 올 것으로 보인다.

더욱이 중국의 로봇 굴기는 중국뿐 아니라 전 세계, 특히 아시아 개발도상국에 상당한 충격을 미칠 것으로 전망된다. 지금껏 아시아 개발도상국들은 저렴한 노동력을 바탕으로 한 노동집약적 경공업에 의존해 경제성장을 이뤄왔다. 중국도 한국과 대만의 경공업을 이어받아 본격적인 경제성장의 기틀을 마련했고, 이제는 인도네시아, 캄보디아 등 동남아 국가들이 낮은 임금을 내세워 중국의 경제성장 모델을 이어받으려 하고 있다. 하지만 중국의 공장 자동화로 생산비용이 크게 감소하면 의류·신발 공장들이 동남아 국가로 이전하기보다 거대한 시장이 있는 중국에 머물 가능성이 높다. 그렇게 되면 동남아 국가들은 개발도상국이 과거에 누렸던 기회를 얻지 못해 경제성장의 다음 단계로 도약하기 어려워질 가능성도 있다. 중국의 로봇 굴기가 아시아 개발도상국에 대한 '사다리 걷어차기'가 될 가능성에 주의해야 하는 상황이다.

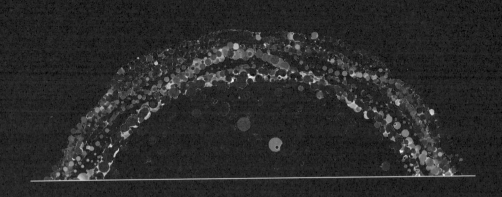

3부

·

한국의 과제

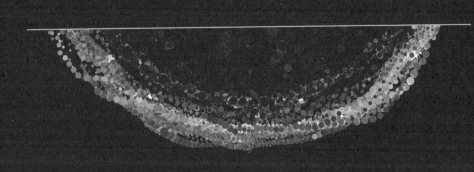

09

5년 뒤에는 우리가
중국을 추격해야 한다

조선, 전자, 자동차 등 주력 산업군의 추락

빠르게 진행되고 있는 중국의 기술 혁신과 산업구조 업그레이드는
이미 한국 경제에 중대한 영향을 미치고 있다. 조선, 철강, IT, 자동
차, 석유화학 등 한국의 주력 산업은 중국의 굴기에 큰 타격을 받고
있으며 그 강도와 범위도 갈수록 확대되고 있다. 불과 몇 년 전만 해
도 중국 시장을 호령했던 국내 제품들은 중국 기업의 도전에 부딪혀
위세가 급속히 약화되고 있다. 한때 중국 스마트폰 시장점유율 1위
를 차지했던 삼성전자가 현재 화웨이와 오포, 비보 등에 밀려 5위 밖
으로 밀려난 것이 단적인 예다. 또한 국내에서 경쟁력을 잃은 공장
이 해외로 전하거나 문을 닫으면서 지방도시들은 한국판 **러스트벨트**

러스트벨트 rust belt

'러스트rust'는 철이 녹슬거나 부식된 것을 뜻하는 말로, 러스트벨트란 과거에는 미국 제조업의 호황을 이끌던 중심지였으나 현재는 제조업의 사양화로 불황을 맞은 지역을 '녹슨 기계'에 빗대어 표현하는 말이다. 미국 제조업의 몰락을 상징적으로 나타내는 말로 사용된다. 과거 미국의 철강·자동차 산업 등의 중심지였던 오하이오, 펜실베이니아 등이 대표적이다.

가 되고 있다.

수십 년간 세계 최고라는 타이틀을 유지해온 국내 조선 산업 역시 글로벌 경기침체가 장기화하고 중국 기업들의 추격이 거세지면서 큰 타격을 입고 있다. 첫 번째 파고는 2000년대 후반부터 국내 중소형 조선사들에게 밀어닥쳤다. 국내 중소형 조선사들은 조선업 호황기에 외부 차입을 통해 대규모 설비 투자를 단행했다. 하지만 글로벌 금융위기 이후 조선 수요가 급감하고 중국 조선 업체가 중국 정부의 전폭적인 지원과 값싼 노동력을 무기로 국내 중소형 조선사들의 주력 선종인 중소형 범용선박 시장에서 물량을 쏟아내면서 상황은 급변했다. 수주 경쟁이 치열해지고 수요 감소에 따른 실적 악화와 재무 부담 가중으로 수많은 중소 조선사들이 쓰러지기 시작했다. 실제로 성동조선해양, STX조선해양, 대한조선, SPP조선 등 국내 중소형 조선 업체들이 줄줄이 워크아웃이나 법정관리에 들어갔다.

국내 대형 조선 업체들도 예외가 아니다. 글로벌 조선 수요 감소와 중국 업체의 도전에 직면한 이들 업체들은 LNG선, 초대형 컨테이너선 등 고부가가치 선종에 집중하는 한편, 2010년 이후 유가 상승에 힘입어 호황을 맞은 해양플랜트(원유 시추 및 생산설비) 사업에 적극 뛰어들며 변화된 경영 환경에 잘 적응하는 듯했다. 하지만 수요 침체가 예상보다 장기화하고 유가마저 급락하면서 상황이 돌변

차이나 이노베이션

했다. 선박 부문에서는 경쟁 심화에 따른 선박 가격 하락이 수익을 갉아먹었고, 해양플랜트 부문에서도 유가 급락으로 수요가 크게 감소한 상황에서 국내 업체 간 치열한 수주전이 벌어지며 **헤비테일 계약**이 일반화됐다. 여기에 설계 및 관리 역량 부족으로 공사 진행 과정에서 원가 부담이 커지면서 조 단위의 영업적자를 기록하는 등 극심한 경영난에 처했다. 대우조선해양, 현대중공업, 삼성중공업 등이 대규모 인력 구조조정과 자산 매각에 나서고, 조선 산업의 메카인 울산·거제의 지역경제가 초토화된 배경이다. 이 와중에 중국의 조선 산업은 중국 정부의 전폭적인 지원 아래 저부가가치 선박 중심의 양적인 성장에서 탈피해 고부가가치 선종과 해양플랜트 부문에서 괄목할 만한 성과를 거두고 있다. 설계 및 제조 능력을 갖춘 글로벌 업체들을 잇달아 인수합병하는가 한편 국내 조선업 전문가들을 비싼 몸값에 영입하며 선박 제조와 관련된 **암묵지**를 빠르게 흡수하고 있다.

국내 1등 기업인 삼성전자도 중국에서 심각한 도전에 직면해 있다. 2013년만 하더라도 삼성 스마트폰은 중국 시장에서 점유율 20%로 선두를 차지했으나, 2017년 초에는 시장점유율이 3%대로 떨어지며 5위권 밖으로 밀려났다. 불과 3년 만에 시장점유율이 급전직하한 것이다. 화웨이, 오포·비보, 샤오미 등 중국 로컬 업체들이

헤비테일Heavy-tail **계약**

선박 인도 시 선박 대금의 60~80%를 받는 계약 조건. 조선사에 불리한 방식이다.

암묵지暗默知

현장의 경험과 학습을 통해 체화된 지식과 노하우를 뜻한다. 이 같은 지식은 겉으로 드러나지 않고, 명료하게 공식화·표준화하기 어려워 모방이 어렵다.

가성비를 앞세워 중저가폰 시장을 적극 공략하는 동시에 향상된 기술력을 바탕으로 프리미엄폰 시장에서도 약진했기 때문이다. 그 결과 2012년에 21%에 머물던 중국 로컬 업체의 시장점유율은 73%로 세 배 이상 급증했다.

특히 중국 전자 업체 부부가오步步高, BBK가 만든 형제 브랜드인 오포와 비보는 기술력과 가성비를 앞세워 중국 스마트폰 시장에서 지각변동을 일으키고 있다. 중국 소비자의 취향에 맞는 신제품을 적시에 출시하고 성장성이 높은 2~3선 도시를 상대로 집중 마케팅을 벌인 전략이 주효했기 때문이다. 이 중 비보는 삼성과 애플에 앞서 세계 최초로 디스플레이 지문인식 센서를 탑재한 스마트폰을 선보였다. 삼성전자가 중국에 특화된 신모델을 출시하지 못하거나 현지 유통망을 획기적으로 강화하지 못할 경우 당분간 중국 시장에서 반등의 기회를 찾기는 어려울 것으로 보인다.

설상가상으로 중국 스마트폰 업체들은 포화상태에 이른 중국 시장에 머물지 않고 글로벌 시장으로 빠르게 영역을 넓히고 있다. 화웨이를 위시한 중국 스마트폰 업체들은 프리미엄폰과 중저가형 제품의 투트랙 전략으로 유럽 시장에서 선전하고 있다. 2017년 1분기 기준으로 유럽의 5대 시장인 EU5(영국, 독일, 프랑스, 이탈리아, 스페인)에서 중국 스마트폰의 시장점유율은 22%까지 상승했다. '넥스트 차이나'라 불리며 글로벌 업체들의 격전지가 되고 있는 인도 스마트폰 시장에서는 중국 업체들의 시장점유율이 50%가 넘는다. 이 밖에 호주와 동남아시아 등지에서도 오포와 비보가 가파른 성장세를 기

차이나 이노베이션

출처: SAGMart

'모바일 월드 콩그레스(MWC) 2017 상하이'에서 공개된 비보의 디스플레이 지문인식 스마트폰(시제품). 지문인식이 기존의 홈버튼이 아닌 디스플레이 위에서 이루어지는 방식으로, 이는 삼성과 애플보다도 앞선 기술이다.

록하고 있다. 중국 스마트폰 업체들은 앞으로도 중국 시장과 글로벌 시장에서 약진하면서 삼성전자의 강력한 경쟁자가 될 것으로 전망된다.

중국 로컬 자동차 기업의 약진

삼성전자와 함께 국내 제조업을 대표하는 현대·기아차 역시 중국 시장에서 고전을 면치 못하고 있다. 2014년 초만 해도 10%에 육박하던 현대·기아차의 중국 자동차 시장 점유율은 로컬 업체들의 약진으로 큰 폭으로 하락했다. 로컬 업체들은 초기에 저가 제품으로 양적 성장의 발판을 마련한 후 기술 혁신과 시장 수요에 맞춘 차별화 전략으로 빠르게 시장점유율을 확대하고 있다. 중국 스마트폰 업체들이 중국 내수시장에서 애플과 삼성을 따라잡은 전략을 중국 자동차 회사들도 그대로 구사하고 있는 것이다. 경쟁이 치열한 1~2선 도시 대신 성장 잠재력이 높은 지방도시를 적극적으로 공략한 점도 스마트폰 업체들과 유사하다. 그 결과 2012년에 12%에 불과하던 중국 자동차 시장 내 로컬 브랜드의 비중은 2016년에 42%로 급증했다.

이처럼 중국 로컬 업체들이 급성장한 이유는 폭발적으로 성장하고 있는 SUV 시장에서 뛰어난 가성비를 바탕으로 확고한 경쟁력을 확보했기 때문이다. 중국 로컬 업체인 창청자동차가 생산한 SUV의 경우 현대차와 유사한 차급임에도 가격은 절반 수준에 불과하다. 여기에 오랜 기간 글로벌 완성차 업체들과 합작한 경험을 바탕으로 자동차 제조 기술을 습득했고, 적극적인 해외 M&A를 통해 브랜드 가치를 높이고 품질을 끌어올렸다. 2010년에 볼보를 인수한 지리자동차가 대표적이다. 과거 경쟁력 없는 로컬 업체에 불과했던 지리자동차는 잇단 해외 M&A로 핵심 기술을 취득하고 경쟁력 있는 신차를 출시하면서 이제는 중국 자동차 산업을 이끄는 혁신의 아이콘으로 거듭나고 있다. 이처럼 중국 자동차 시장에서 가격과 품질 경쟁이 갈수록 치열해지고 있음에도 현대·기아차의 경우 신모델이 턱없이 부족할 뿐 아니라 여전히 세단 중심의 라인업에서 벗어나지 못하고 있다.

중국 자동차 업체들의 부상이 위협적인 가장 근본적인 이유는 국내 기업들과 기술 격차를 빠르게 좁히고 있기 때문이다. 중국은 개혁개방 이후 선진 제조업을 따라잡기 위해 30년 가까운 축적의 시간을 보냈다. 모방을 통해 혁신을 추구하고 시장과 기술을 교환하며 경쟁력을 향상시키는 한편, 브랜드파워와 기술력을 갖춘 글로벌 선두 기업을 인수해 비약적인 추격을 도모하는 전략을 구사했다. 그 결과 이제 한국이 중국에 비해 확고한 경쟁력을 갖춘 분야는 반도체와 디스플레이밖에 없다는 말이 나올 만큼 중국은 대부분의 산업에서 국내 기업들을 따라잡는 데 성공했다.

중국과의 기술 격차는 고작 0.9년

한국산업기술평가관리원의 〈2015 산업 기술 수준 조사 보고서〉에 따르면 바이오 기술과 디스플레이, 스마트카, 로봇, 반도체 장비, 배터리, 엔지니어링 등 24개 주요 산업의 한국과 중국 간 기술 격차는 0.9년에 불과한 것으로 나타났다. 한국이 혁신 생태계를 구축하지 못하고 기술적 도약에 실패한 채 제자리걸음을 한다면 조만간 중국에 따라잡힐 수 있다는 뜻이다. 10년 전에 한국이 일본과 중국으로부터 동시에 위협받고 있다는 이른바 '샌드위치 위기론'이 성행했을 때 중국과의 기술 격차가 4.7년이었다는 점을 감안하면 중국의 추월은 더 이상 가부(可否)의 문제가 아니라 시기의 문제일 뿐이다.

실제로 2017년 4월에 산업연구원이 발표한 〈중국의 산업구조 고도화와 우리 주력 산업의 대응 전략〉 보고서에 따르면 석유화학, 철강, 가전 등 국내 주력 산업의 품질·기술 경쟁력이 5년 후면 중국에 거의 따라잡히는 것으로 나타났다. 다음 그래프에서 보듯이 가전의 경우 한국의 기술 수준을 100점으로 환산했을 때 현재 중국의 기술경쟁력은 90이지만, 5년 후엔 우리와 비슷한 97.5까지 오를 것으로 예측된다. 철강도 마찬가지다. 이미 중국의 대형 철강 회사인 바

주력 산업별 중국의 기술경쟁력 수준 추이

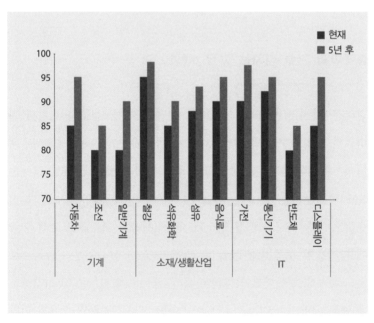

* 한국을 100점으로 가정하고 5점을 1년 격차로 차감함.

자료: 산업연구원

차이나 이노베이션

오우철강宝武钢铁과 허베이철강河钢集团이 생산하는 제품은 가격경쟁력과 품질 면에서 포스코와 비교해 결코 뒤지지 않는다. 우리나라가 현재 경쟁력을 갖추고 있는 통신기기, 반도체, 디스플레이 등 IT 부문에서도 중국의 기술력이 빠르게 향상되고 있다. 한국 산업의 마지막 보루인 반도체의 경우 초고집적 반도체 기술에서만 2~3년 정도 여유가 있을 뿐 나머지 부문은 이미 상당 부분 좁혀졌다. 산업 현장에서 체감하는 양국 간 기술 격차는 이보다 훨씬 좁다는 점을 감안하면, 5년 후엔 상황이 역전되어 우리가 중국을 추격해야 하는 상황이 벌어질 가능성이 매우 높다.

이처럼 중국의 산업 고도화가 빠르게 진행되면서 동북아 지역의 수직적 분업 구조에도 균열이 생기고 있다. 지금껏 일본은 부품소재 부문에서 확고한 경쟁력을 갖췄고, 한국은 이를 활용한 자본 및 기술집약적 공정의 중간재 부문에서 비교우위를 가지고 있었다. 이에 비해 중국은 밸류체인의 끝단에서 저렴한 노동력을 활용해 **로엔드** 제품을 생산하는 역할을 맡아왔다. 하지만 중국의 기술 수준이 크게 발전하면서 이러한 분업 구조가 와해되고 있으며 치열한 경쟁 구도로 재편되고 있다. 특히 한국의 경우 핵심 기술력과 노하우를 가진 일본과의 격차를 좁히지 못해 대일對日 무역에서 매년 200억 달러가 넘는 적자를 기록하고 있는 가운데, 주력 산업 부문에서 중국의 추격을 허용하며 위태로운 모습을 보이고 있다. 더욱이 이 같은 추격을 주도하는 이들은 중국 정

로엔드 low-end
하이엔드 high-end 에 상반되는 개념으로 같은 제품군 중에서 비교적 성능이 떨어지고 가격이 저렴한 제품을 말한다.

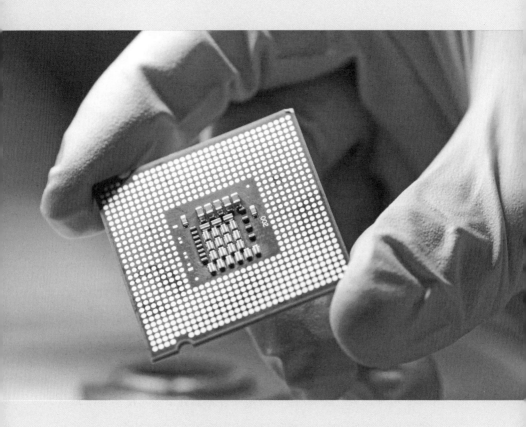

우리나라가 현재 경쟁력을 갖추고 있는 통신기기, 반도체, 디스플레이 등 IT 부문에서도 중국의 기술력이 빠르게 향상되고 있다. 반도체의 경우 초고집적 반도체 기술에서만 2~3년 정도 여유가 있을 뿐 나머지 부문은 이미 상당 부분 좁혀졌다. 산업 현장에서 체감하는 양국 간 기술 격차는 이보다 훨씬 좁다는 점을 감안하면, 5년 후엔 상황이 역전되어 우리가 중국을 추격해야 하는 상황이 벌어질 가능성이 매우 높다.

부의 지원을 받는 국영기업이 아니라 시장경쟁력과 자체 기술력을 갖춘 민영기업이 대부분이다. 이들 기업들은 R&D와 M&A를 통해 체득한 기술력과 축적된 제조공정 노하우를 바탕으로 상품 기획과 제조, 마케팅에 이르는 제조업 밸류체인 전반에서 글로벌 수준에 올라선 것으로 평가된다.

대중 수출 부진은 구조적인 문제다

문제는 한국이 중국의 기술 혁신과 산업 구조 변화에 제대로 대응하지 못하고 있다는 점이다. 한국의 대중 수출 증가율은 2000~2010년에 평균 22.7%를 기록했지만 2011~2016년에는 1.4%에 그쳤다. 이는 한국의 대중 수출 부진이 단순히 경기순환적인 문제가 아니라 구조적 문제임을 보여준다. 사실 2000년 이후 한국의 대중국 수출이 급증한 것은 한국이 중간재를 중국에 수출하고 중국이 이를 조립·가공해서 선진국으로 수출하는 분업 구조가 원활하게 작동했기 때문이다. 중국의 수출이 늘어나면 한국의 수출도 덩달아 늘어나는 구조였다.

하지만 글로벌 금융위기 이후 선진국의 경기 회복이 지연되고 중국이 적극적인 R&D 투자를 통해 제품 경쟁력을 향상시키면서 상황이 달라졌다. 중국 정부는 부품소재 산업을 육성해 수입에 의존하던 중간재를 중국산 제품으로 대체하는 '차이나 인사이드China inside'

정책을 펼치기 시작했다. 기술력과 제조공정에서 자신감이 붙으면서 모든 부품을 중국 현지에서 조달하겠다는 것이다. 실제로 중국의 전체 수입에서 중간재가 차지하는 비중은 2000년 63.9%에서 2015년 53.4%로 크게 감소했다. 이처럼 중국이 중간재 수입 비중을 줄이고 있음에도 한국 대중 수출에서 중간재가 차지하는 비중은 아직까지 77.6%(2015년 기준)나 된다. 중국의 교역 구조 변화에 직격탄을 맞을 수밖에 없는 구조인 것이다. 독일과 일본 등이 대중국 수출의 중간재 비중을 낮추면서 중국 내수시장을 겨냥한 소비재 비중을 높인 것과 대조적이다.

한국의 대중국 수출에서 소비재가 차지하는 비중은 4%대에 불과하다. 저조한 수치도 문제지만, 이 같은 수치가 수년째 제자리걸음을 하고 있다는 점이 더 큰 문제다. 중국이 내수 중심의 성장 모델로 전환하면서 소비재 시장이 급속히 커지고 있음에도 전혀 대응하지 못하고 있는 것이다. 현재 많은 국내 기업들이 중국 시장 진출이라는 목표를 내세우고 있지만, 화장품과 음식료 등 일부 업종을 제외하고 제대로 된 액션플랜을 마련한 곳은 거의 없다. 상황이 이렇다 보니 중국 소비재 수입 시장에서 한국이 차지하는 비중은 2005년 6.6%에서 2015년 4.8%로 감소했다. 같은 기간 미국과 유럽 각국이 경쟁력 있는 소비재 제품을 무기로 중국 시장을 적극 공략한 것과는 대조적이다.

중간재에 치우친 대중 수출 구조는 우리나라의 대중 투자 방식과도 밀접하게 연결되어 있다. 앞서 언급했듯이 한국이 중간재를

차이나 이노베이션

수출하고 중국이 이를 가공·조립하는 분업 관계가 형성되었기 때문에 한국의 대중국 수출에서 국내 기업과 중국에 설립한 자회사 간 거래가 차지하는 비중이 높았다. 그러다 보니 한국 기업이 중국에 투자하는 방식도 M&A 또는 합작투자가 아니라 모기업이 100% 지분을 갖는 독자 소유 자회사 형태가 대부분이었다. 중국의 공장에서 만들어진 제품을 미국, 유럽 등 제3국에 수출하는 것이 주된 목적이었기 때문에 중국 내수시장에 대한 이해나 유통망 개척에 큰 관심을 기울이지 않았다. 하지만 중국의 무역 구조가 빠르게 변하고 내수시장의 성장이 본격화하면서 M&A(또는 합작투자)를 통한 대중 투자의 필요성이 어느 때보다 커지고 있다. 예를 들어 글로벌 소비재 기업인 P&G나 유니레버Unilever 등은 중국의 현지 기술과 유통망을 확보하기 위해 M&A나 합작투자에 적극 나서고 있다. 상황이 이런데도 한국의 대중 투자는 과거의 관성에서 벗어나지 못하고 있다. 2007년에 119건이던 한국의 중국 기업 M&A 실적은 2016년에는 42건으로 줄어들었다. 중국 내수시장을 뚫어야 한다는 논의는 무성하지만 실제 행동은 전혀 뒷받침되지 못하고 있는 것이다. 물론 상이한 시장환경과 기업 문화 때문에 중국 기업을 M&A하는 것이 쉽지만은 않다. 적지 않은 시행착오와 비용을 치를 가능성이 높다. 하지만 높은 성장 잠재력을 가진 중국 내수시장에서 거둬들일 경제적 가치를 고려할 때 이 정도 수업료는 지불할 가치가 있다고 본다.

미래 산업에서는 이미 뒤져 있다

더 큰 문제는 중국이 한국의 주력 산업을 거의 다 따라잡았을 뿐 아니라 4차 산업혁명과 관련된 산업 부문에서 이미 한국을 크게 앞지르고 있다는 점이다. 중국 ICT 기업들의 공격적인 투자와 풍부한 인재 풀, 그리고 정부의 전폭적인 지원이라는 삼박자가 맞아떨어졌기 때문이다. 특히 중국 정부는 미래 산업을 육성하기 위해 각 업종별로 세부적인 계획을 수립하고 구체적인 실행 방안과 재원 대책을 마련한 뒤 이를 지속적으로 추적·관리한다.

그 결과 중국은 주요 미래 산업 분야에서 글로벌 선두권 수준에 이르렀다. 몇 가지 대표적인 사례만 살펴보자. 먼저 슈퍼컴퓨터 부문에서는 중국의 '선웨이 타이후라이트Sunway TaihuLight'가 2017년 국제슈퍼컴퓨팅컨퍼런스ISC에서 세계 최고의 성능을 가진 슈퍼컴퓨터로 선정되었고, 2위 역시 중국국방기술대학교의 '톈허2Tianhe-2'가 차지했다. 미국의 견제에도 불구하고 독자적인 프로세서를 개발해 슈퍼컴퓨터 시장의 강국으로 떠오른 것이다. 중국의 고속철도 산업 역시 일대일로 프로젝트 등 국가의 전폭적인 지원에 힘입어 가파른 성장세를 보이고 있다. 중국은 고속철의 핵심 기술을 국산화하는 데 성공하고, 기술력과 가격경쟁력을 바탕으로 아시아와 아프리카를 넘어 유럽, 미국 등 전 세계로 뻗어나가고 있다. 또한 전기차 부문에서도 중국 정부의 전폭적인 지원에 힘입어 2015년 이후 세계 최대 시장으로 부상했다. 2011년에 8,200대에 불과하던 중국의 신에너지

출처: 블룸버그(Bloomberg)

2017년 국제슈퍼컴퓨팅컨퍼런스에서 세계 최고의 성능을 가진 슈퍼컴퓨터로 선정된 중국의 '선웨이 타이후라이트'. '신의 위엄神威'이라는 뜻의 선웨이 타이후라이트는 초당 9경 3,014조 번의 연산이 가능한 93페타플롭스petaflops의 성능을 기록했다.

차(순수전기차+플러그인하이브리드) 판매량은 2016년에 50.7만 대를 기록하며 미국을 제쳤고, 2020년에는 200만 대로 늘어날 것으로 전망된다. 로컬 업체들이 신에너지차량 부문에서 급부상하면서 BYD는 미국의 테슬라를 제치고 세계 1위 전기차 업체로 등극했고, 지리자동차, 베이징자동차, 중타이자동차众泰汽车 등도 세계 10대 전기차 업체에 포함되었다.

　　세계 민간 드론 시장의 70%를 점유하고 있는 DJI 역시 중국 기업이다. DJI에 주목해야 하는 이유는 중국 기업들이 더 이상 '패스트 팔로워'에 머무르지 않고 시장을 선도하는 '퍼스트 무버' 자리까지 오르고 있는 현실을 상징적으로 보여주는 기업이기 때문이다.

DJI가 개발한 쿼드콥터 구조는 이제 세계 표준으로 자리 잡았으며, 연구개발·조립에서부터 판매·애프터서비스에 이르기까지 드론 산업 생태계 전반에서 확고한 우위를 점하고 있다. 그 결과 2012년에 2,600만 달러에 불과하던 DJI의 매출액은 2016년에 15억 달러로 4년 만에 60배 가까이 증가했다. 더욱이 전체 매출의 80%가 해외에서 발생한다는 점에서 DJI는 글로벌화에 성공한 몇 안 되는 중국 기업 중 하나로 꼽힌다.

이뿐만이 아니다. 글로벌 주요 국가 중 핀테크 활용도가 가장 높은 나라는 다름 아닌 중국이다. 회계법인 EY한영이 발표한 〈핀테크 도입 지수 2017 Fintech Adoption Index 2017〉 자료에 따르면 중국의 핀테크 도입률은 69%로, 조사 대상 20개국 가운데 1위를 차지했다. 한국의 도입률은 32%로 홍콩과 함께 12위에 그쳤다. 한때 금융후진국이라 불리던 중국은 이제 글로벌 10대 핀테크 기업 순위(KPMG 자료)에 자국 기업이 5개나 포함될 만큼 핀테크 강국으로 거듭난 것이다. 수억 명의 사용자가 창출하는 빅데이터와 모바일 기기의 확산 등이 시너지 효과를 냈기 때문이다. 알리바바의 자회사인 앤트파이낸셜은 '즈마신용芝麻信用'이라는 자체 신용등급을 구축해 기존 국영은행이 커버하지 못하는 방대한 소비층에 금융 서비스를 제공하며 세계 최대 핀테크 업체로 부상했다. 새롭게 떠오르고 있는 공유경제 분야에서도 중국은 디디추싱(차량공유), 오포·모바이크(자전거공유), 투지아(숙박공유) 등의 기업들이 기술 혁신과 차별화된 서비스로 글로벌 공유 업체들과 어깨를 견주고 있다.

핀테크 도입 지수 2017

순위	국가	핀테크 도입률
1	중국	69%
2	인도	52%
3	영국	42%
4	브라질	40%
5	호주	37%
6	스페인	37%
7	멕시코	36%
8	독일	35%
9	남아프리카공화국	35%
10	미국	33%
11	홍콩	32%
12	대한민국	32%
13	스위스	30%
14	프랑스	27%
15	네덜란드	27%
16	아일랜드	26%
17	싱가포르	23%
18	캐나다	18%
19	일본	14%
20	벨기에·룩셈부르크	13%

출처: EY한영

10

다시 중국 보너스
시대로

한계에 이른 한국의 성장 엔진

한국 경제의 성장 엔진이 빠르게 식어가고 있다. 대기업 중심의 수출주도형 발전 모델이 한계에 부딪히고 내수 부진이 장기화하면서 민간소비도 위축되고 있기 때문이다. 2011년 이후 한국 경제성장률은 줄곧 세계 경제성장률을 밑돌고 있다. 여기에 성장과 고용의 연결고리가 끊어지며 취업난이 만성화 단계에 접어들었고, 저출산, 고령화로 생산가능인구가 감소하며 경제 활력을 떨어뜨리고 있다. 한국 경제의 잠재성장률이 2%대로 떨어진 것은 어찌 보면 당연한 결과다. '제2의 한강의 기적'을 일으킬 새로운 성장 패러다임이 절실한 상황인 것이다.

사실 중국이 없었더라면 한국의 수출주도형 발전 모델은 진작에 막을 내렸을 가능성이 높다. 2000년대 이후 중국의 고속 성장은 한국의 수출 대기업들이 빠르게 성장하는 데 결정적인 역할을 했다. 중국 시장에서 삼성 스마트폰은 날개 돋친 듯 팔렸고, 현대차는 폭스바겐, GM과 함께 빅3로 우뚝 섰으며, 포스코는 중국 철강업체들에게 경외의 대상이었다. 이 과정에서 이들 수출 대기업들이 한국 경제에서 차지하는 비중도 급격히 커졌다.

하지만 어두운 면도 없지 않았다. 이 기간 동안 한국은 중국 특수에 취한 나머지 유통기한이 다한 발전 모델을 바꾸지 않았고, 중국에서 진행되는 산업 고도화의 성과를 과소평가했다. 그 결과 국내적으로는 고부가가치 서비스산업 육성, 중소·중견기업의 역량 강화, 가계소득에 기반한 내수 활성화 등 시급한 개혁 과제가 힘을 받지 못했고, 대외적으로는 중국의 기술 및 산업경쟁력이 강화되면서 국내 기업들이 중국 현지 시장뿐 아니라 글로벌 시장에서도 심각한 도전을 받게 되었다.

그렇다면 어떻게 해야 할까? 중국의 성장동력 전환과 혁신 과정에서 발생하는 새로운 기회 요인을 한국의 개혁 과제와 연결시킬 방법은 없을까? 분명한 것은 한국이 중국에서 쉽게 돈을 버는 시대는 끝났다는 점이다. 중국이 수출을 늘릴수록 한국의 대중 수출이 늘어나는 상생의 분업 구조는, 이제 한쪽이 이기면 다른 한쪽이 지는 제로섬 게임으로 바뀌었다. 중국 기업들의 기술력이 빠르게 향상되면서 더 이상 한국 기업에 손을 벌리지 않고도 스스로 중간재를

차이나 이노베이션

스마일커브

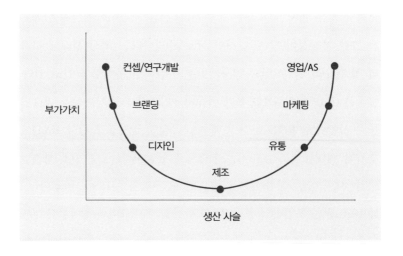

만들 수 있는 역량을 갖췄기 때문이다. 이러한 상황에서 우리에게 남은 선택지는 많지 않다. 다만 중국의 기술 혁신과 산업 구조조정에 대한 면밀한 분석을 바탕으로 중국과 함께 상생할 수 있는 밸류체인을 구축하는 것이 어느 때보다 시급하다. 즉, 중국의 산업 고도화 과정에서 반드시 필요하지만 아직 중국이 확보하지 못한 핵심 부품이나 설비를 찾아내 그 부분을 집중 공략해야 한다는 것이다. 이와 함께 제조업의 밸류체인을 나타내는 **스마일커브** 중 중국이 강점을 지닌 제조 부문보다 상품 기획, 브랜드 구축 등 고부가가치 부문의 역량을 강화해야 한다.

스마일커브 smile curve
제품의 연구개발, 생산에서부터 마케팅, 애프터서비스로 이어지는 각 공정 단계별로 부가가치가 어떻게 배분되는지를 보여주는 곡선이다. 저임금 신흥국들의 시장 참여가 늘어나면서 진입장벽이 낮은 제조 부문의 부가가치가 급락하는 현상을 뜻한다.

그렇다면 관건은 우리가 중국을 압도할 기술력을 갖추고, 중국과 격차를 유지할 수 있는지 여부다. 결론부터 이야기하면 현재로선 그럴 가능성이 낮다. 단적인 예로 우리나라는 혁신 생태계 구축의 첫 단추라 할 수 있는 연구개발부터 심각한 문제점을 안고 있다. 한국은 GDP 대비 R&D 투자 비중이 4.23%(2015년 기준)로 세계 1위를 차지할 만큼 R&D 투자에 매우 적극적인 국가로 꼽힌다. R&D에 투자한 절대금액도 세계 6위 수준으로 상당히 높은 편이다. 하지만 투입input이 아닌 성과output 기준으로 보면 상황은 180도 바뀐다. 한해 19조 원을 투입하는 공공 R&D의 산업기술 사업화 성공률은 20% 수준으로 영국(71%)과 미국(70%), 일본(54%)에 비해 크게 떨어진다. 정부 출연 연구기관이 보유한 특허 중 10년간 사용하지 않은 '장롱특허' 비중도 72%나 된다. R&D 투자와 사업화가 따로 놀고 있는 것이다. 이처럼 국내 R&D 투자의 질적 성과가 크게 떨어지면서 기술무역 적자 규모도 해마다 증가하고 있다.

그렇다면 왜 한국은 R&D에 막대한 투자를 하고 있음에도 실질적인 성과를 내지 못하고 여전히 핵심 기술을 해외에 의존하고 있을까? 이와 관련해 혁신 생태계의 부재와 연구비를 '눈먼 돈'으로 인식하는 풍토 등이 중요한 원인으로 거론되지만 가장 핵심적인 원인으로 정부의 관치官治를 꼽을 수 있다. 정부의 주도로 시장이나 기업이 원하는 상품과 서비스가 무엇인지 정확히 파악하지 못한 채 R&D 투자가 이뤄지다 보니 기술이 개발되더라도 사장되는 경우가 많다. 예산을 움켜쥔 정부가 큰 그림을 그리면 국공립 연구소가 교수나 연

차이나 이노베이션

구원들을 불러 세부 과제를 급조해 만들고, 여기에 대학이나 기업이 응모해 과제를 따내는 관행이 지속되는 상황에서 시장의 수요가 제대로 반영될 리 없다. 여기에 R&D 평가도 단기적이고 양적인 성과를 중심으로 이뤄지다 보니 대부분의 R&D가 애초부터 생산적인 결과물을 목표로 이뤄지기는커녕 나눠 먹기식으로 운영되고 있다. 설상가상으로 정권이 바뀔 때마다 R&D 정책이 바뀌다 보니 기술과 연구 노하우가 축적되지 않는다. 영국처럼 예산은 주지만 연구에 간섭하지 않는 **홀데인 원칙**을 적용하는 한편, 민간이 주도하고 정부는 시장 창출형 지원에 집중하는 형태로 국가 R&D 전략을 시급히 재검토해야 한다.

그렇다고 정부 부문에만 문제가 있고 민간 부문은 잘하고 있냐 하면 그것도 아니다. 민간 부문에는 대기업 중심의 수직계열화된 산업 생태계로 인해 전속거래, 부당내부거래가 만연해 있다. 그렇다 보니 많은 중소기업들이 대기업과의 하청관계에 안주한 채 기술개발을 등한시했다. 설령 미래에 대비해 새로운 기술을 개발하고 싶어도 마진이 박한 하청 구조 속에서 여력이 없는 경우가 태반이다. 국내 일자리의 대부분을 차지하는 중소기업이 혁신에 뒤쳐지게 된 배경이다. 이뿐만 아니라 대기업 역시 삼성전자와 같은 일부 기업을 제외하고는 글로벌 기업 대비 R&D 투자가 크게 부족한 상황이다. 특히 자동차 산업의 경우 글로벌 자동차 업체들

홀데인 원칙 Haldane principle
영국의 연구 정책으로, 연구의 자율성과 독립성을 확보하기 위해 연구 관련 의사결정과 예산 배분은 정치 집단이 아닌 연구기관 스스로의 판단에 맡겨야 한다는 원칙이다. 리처드 홀데인Richard B. Haldane이 1904~1908년 의장을 맡았던 기금위원회에 의해 주창되었다.

이 4차 산업혁명 시대의 주도권을 잡기 위해 자율주행차, 친환경차 등에 공격적인 투자를 감행하고 있는 것과 대조적으로 현대·기아차 등 국내 업체들은 매우 소극적인 모습을 보이고 있다. 2016년 기준으로 독일과 일본의 자동차 산업 R&D 투자액이 각각 45조 원, 38조 원이었던 것에 비해 한국은 7조 5,000억 원에 그친 것은 이 같은 현실을 잘 드러낸다. 이러한 격차가 누적된다면 새로운 산업 패러다임이 구축되는 시기에 현대·기아차는 패자敗者로 남을 수밖에 없을 것이다.

기술만큼 중요한 건 제도다

4차 산업혁명에 성공하기 위해 첨단기술과 혁신 모델만큼이나 중요한 요소가 다름 아닌 제도다. 첨단기술과 혁신 모델이 뿌리내리는 토양의 역할을 하기 때문이다. 글로벌 혁신 모델을 우리나라에 그대로 옮겨왔을 때 실패 사례가 나타나는 것도 제도적인 차이의 영향이 크다. 국내 교통 스타트업인 '콜버스'는 택시의 승차거부 문제를 해결하기 위해 심야버스 공유 서비스를 시작했지만 각종 규제와 택시업체의 견제에 시달리다 결국 주력 서비스를 전세버스 예약 중개 서비스로 바꿔야 했다. 반면 비슷한 시기에 중국에서 창업한 공유자전거 스타트업 오포는 알리바바 등 대형 ICT 기업 및 벤처캐피털로부터 수억 달러의 펀딩을 받고 중국 시장에서 성공했고, 이제는 영국과 싱가포르 등 전 세계로 사업 영역을 확장하고 있다. 이처럼 우리가 중국 못지않은 기술을 가졌음에도 시장 선점에 실패한 사례는 무수히 많다.

드론 산업이 대표적이다. 해외 경쟁사에 비해 국내 업체들의 드론 제작 기술력이 결코 뒤떨어지지 않음에도 국내 드론 산업은 각종 규제에 발목 잡혀 성장의 골든타임을 놓치고 말았다. 국내 드론 관련 규제는 예전보다는 나아지고 있지만 여전히 많은 독소조항이 남아 있다. 무게가 13kg 이상인 드론은 해당 지역의 항공청에 반드시 '장치 신고'를 해야 하고, 25kg이 넘으면 교통안전공단으로부터 안전성 인증도 받아야 한다. 반면 중국에서는 일정 무게 이하의 드론은 조종사 면허 없이 운항할 수 있고, 비행기와 겹치는 구역에서 운항해도 항공관제소에 정보를 제출하면 사전 승인 없이 비행할 수 있다. 세계 드론 시장의 90% 이상을 중국 제조사들이 점유하고 있고, DJI와 같은 세계 최대 드론 업체가 중국에서 탄생한 것은 우연이 아니다.

한국이 국가 전략 과제로 육성하고 있는 자율주행차 부문도 상황은 마찬가지다. 첨단기술로 무장한 글로벌 업체들을 따라잡기 위해 기업과 정책당국이 머리를 맞대고 선택과 집중을 해도 모자란 상황이지만 자율주행 기술은 산업통상자원부, 도로 운행은 국토교통부, 시범 운영은 경찰청 등으로 규제 권한이 나뉘어 있어 업체들은 각 부처를 일일이 돌아다니며 허가를 받아야 한다. 이런 환경에서는 참신한 아이디어와 높은 기술력이 있어도 우버처럼 기존의 패러다임을 뒤엎는 스타트업이 나오기 어렵다. 한국의 스타트업 CEO 들이 "국내에서 창업하려면 기술에 대한 전문성보다는 법률과 규제에 대한 지식이 더 필요하다"고 푸념하는 것이 괜한 말이 아니다. 핀테크 산업을 이끌 인터넷전문은행의 경우 은산분리(은행자본과 산업자본 분리) 규정 때문에 ICT 기업 대신 기존 금융권이 사업을 좌지우지하는 상황이 벌어지고 있다. 또한 4차 산업혁명 시대의 요체인 빅데이터는 강고한 개인정보보호법에 가로막혀 금융, 전자상거래, 클라우드 등 부문에서 충분히 활용되지 못하고 있다.

우리가 과거의 관성에 사로잡혀 있는 사이 중국은 네거티브 규제(꼭 필요한 금지 사항을 제외한 나머지는 다 허용하는 규제 방식) 방식을 도입하며 세계 시장을 향해 비상하고 있다. 중국에서 드론, 핀테크, 전기차, 로봇 등 신성장산업이 빠르게 성장할 수 있었던 배경에는 기업들이 주도적으로 사업을 추진할 수 있도록 중국 정부가 사후적 규제에 머물렀던 것이 중요하게 작용했다. 단적인 예로 중국 금융당국은 국영은행의 거센 반발에도 불구하고 텐센트, 알리바바가 주도하는 인터넷전문은행 설립을 허가했다. 수십 년간 유지된 금융 기득권을 깨뜨려서라도 금융산업의 혁신을 이루겠다는 정부의 의지가 반영된 것이었다. 그 결과 2015년에 알리바바가 주도해 만든 인터넷전문은행 마이뱅크는 설립 2년 만에 350만 개 중소기업에 1,971억 위안을 대출할 만큼 급성장했다.

이뿐만이 아니다. 중국의 광둥 성 정부는 로봇 스타트업인 인사이트로보틱스Insight Robotics가 화재경보 로봇을 테스트할 수 있도록

중국판 에어비앤비인 숙박공유 서비스 '투지아'의 홈페이지. 중국은 드론, 핀테크, 공유경제 등 전에 없던 혁신 기술 및 아이디어를 기반으로 하는 산업에 대하여 네거티브 규제 방식을 도입하며 이들 산업의 성장을 돕고 있다.

100여 차례에 걸친 산불 실험을 허가했다. 각종 규제와 법령에 묶여 있는 한국에서는 상상하기 어려운 모습이다. 만약에 중국 최대의 차량공유 업체인 디디추싱이 한국에서 영업하려고 했다면 운수사업법에 막혀 서비스가 불가능했을 것이고, 중국판 에어비앤비인 투지아도 숙박업 요건을 충족하지 못해 제대로 사업을 하기 어려웠을 것이다.

　혁신을 방해하는 것은 정부의 과도한 규제만이 아니다. 앞서 언급한 대기업 중심의 수직계열화된 산업 생태계 역시 혁신 DNA가 한국 경제에 뿌리내리지 못하게 하는 장애 요인이다. 이 같은 상황을 단적으로 보여주는 부문이 국내 소프트웨어 산업이다. 지난 20년

테슬라 모델S의 내부 사진. 운전자는 터치스크린을 통해 차량 내 모든 기능을 제어할 수 있다. 자동차가 IT 기기화하면서 엔진 부품의 비중이 줄고 각종 전자장비를 통제할 소프트웨어의 중요성이 커지고 있다.

간 한국은 IT 강국으로 여겨져왔지만, 냉정하게 보면 하드웨어 부문에서만 글로벌 경쟁력을 갖췄을 뿐 소프트웨어 부문의 존재감은 제로에 가까운 것이 현실이다. 세계 1위 스마트폰 업체인 삼성전자가 변변한 모바일 OS가 없어 구글의 안드로이드를 채택하고 있는 것은 국내 소프트웨어 산업의 위상을 잘 드러낸다. 설상가상으로 최근에는 자동차 산업에서도 소프트웨어의 중요성이 커지고 있다. 자동차가 IT 기기화하면서 엔진 부품의 비중이 줄고 각종 전자장비를 통제할 소프트웨어의 중요성이 커지고 있는 것이다. 지금과 같은 상황이 이어질 경우 소프트웨어 경쟁력이 떨어지는 국내 자동차 업체들은

차이나 이노베이션

구글이나 애플에 차체와 부품을 조립해 파는 껍데기로 전락할 위험이 크다.

상황이 이렇게 된 데는 복합적인 이유가 있지만 대기업 계열사 SI^{System Integration}(시스템 통합) 업체의 불공정한 거래 행태가 핵심 원인으로 꼽힌다. SI 업체는 모^母기업의 IT 서비스를 관리 및 유지·보수하는 업무를 도맡아 하는 회사를 말하며, 통상 하도급 중소기업에서 만든 소프트웨어를 헐값에 사들인 뒤 이를 모기업에 높은 가격으로 납품하는 방식으로 막대한 수익을 올린다. 특히 이 과정에서 '갑-을-병-정'으로 이어지는 다단계 하도급 피라미드 구조가 만들어지는데, SI 업체들은 이른바 '갑'의 위치를 이용해 단가 후려치기, 하청업체 우수 인력 빼가기, R&D 성과 가로채기 등의 방법으로 중소기업들이 몸집을 키우고 혁신 역량을 높일 기회를 박탈한다. 구글, 페이스북, 텐센트 등 글로벌 기업들이 비싼 가격을 지불하고서라도 중소 소프트웨어 기업들을 인수하며 자사의 경쟁력 향상을 도모하는 것과 대조적이다.

그 결과 수많은 국내 소프트웨어 기업들이 불공정한 사업 관행에 가로막혀 도산하거나 하도급 구조에 울며 겨자 먹기로 편입되었다. 대기업 SI 업체들 역시 '땅 짚고 헤엄치기'식의 돈벌이에 익숙해지다 보니 국내 시장의 '골목대장' 역할에 안주한 채 **갈라파고스화**하고 있다. 글로벌 시장에

갈라파고스화Galapagos Syndrome
과거 일본의 IT 산업처럼 자국만의 기준에 매몰된 채 글로벌 시장에서 경쟁력을 상실하는 현상을 지칭하는 말이다. 육지로부터 멀리 떨어져 있어 독자적으로 진화한 종들이 서식하는 고유한 생태계가 형성되었으나, 육지와의 빈번한 교류로 외부 종이 유입되자 면역력 약한 고유종들이 멸종되거나 멸종 위기를 맞은 갈라파고스 제도의 상황에 빗대어 만들어진 용어다.

서 경쟁력을 쌓을 기회를 스스로 걷어차 버린 것이다. 지금부터라도 중소기업들이 대기업에 의존하지 않고 자립할 수 있는 공정한 산업 생태계를 조성하는 것이 급선무다. 창업에서부터 성장, 회수exit에 이르는 전 과정에서 혁신 DNA가 뿌리내릴 수 있는 시스템을 갖춰야만 글로벌 경쟁력을 갖춘 중소기업이 나올 수 있다.

중국을 '제2의 내수시장'으로 만들어야

지금까지 언급한 문제점은 굳이 중국의 위협이 아니더라도 한국 경제의 질적 발전과 지속 가능한 성장을 위해 반드시 해결해야 할 과제다. 기존 성장 모델이 한계에 부딪힌 만큼 기술 혁신과 경제 패러다임 전환은 선택이 아닌 필수이기 때문이다. 그럼에도 불구하고 중국이라는 변수를 반드시 고려해야 하는 이유가 있다. 지난 20년간 중국의 수출주도 발전 전략에 맞춰 우리의 성장 포트폴리오를 짜왔듯이, 앞으로 우리가 나아가야 할 길 역시 중국을 배제하고서는 생각하기 어렵기 때문이다. 이는 단순히 중국 경제가 한국 경제에 큰 영향을 미친다는 말이 아니다. 한국 경제가 제2의 도약을 이루는 과정에서 중국 경제가 중요한 촉매제 역할을 할 수 있다는 의미다. 활력을 잃어버린 국내 주력 산업을 자극하고 수요 부족에 허덕이는 기업들의 숨통을 틔워주는 데 중국만한 국가는 없다. 그리고 중국을 활용하는 출발점은 중국의 광대한 내수시장이 되어야 한다. 중국 정

차이나 이노베이션

부가 내수 소비 중심의 발전 모델로 전환을 꾀하고 중국인들의 소득 수준이 빠르게 향상되면서 중국의 내수시장은 향후 20년간 가파른 성장세를 거듭할 것으로 예상된다. 중국을 '제2의 내수시장'으로 삼고 시장 공략에 박차를 가해야 하는 이유다. 그리고 이는 1990년대 이후 한국이 경험했던 '중국 보너스 시대'를 다시 한 번 맞이할 수 있는 유일한 길이기도 하다.

하지만 중국 내수시장을 공략하는 것은 결코 쉬운 일이 아니다. 우선 모두가 중국의 중요성을 말하지만 정작 중국에 대해 너무나 무지하다는 점이 문제다. 국가기관부터 민간기업, 연구기관에 이르기까지 중국에 대해 체계적으로 연구·분석하는 경우가 드물다. 소수의 정부출연기관이 중국 관련 연구를 진행하고 있지만 제대로 된 지역별·산업별 리서치가 이뤄지지 않고, 그나마 있는 정보도 제대로 활용되지 못한 채 유통기한이 지나버리는 경우가 허다하다. 중국에서 사업하는 민간기업들도 자체적인 리서치 능력을 키우기보다 글로벌 컨설팅사에 의뢰해 진출 전략과 시장 트렌드에 관한 조언을 얻는 경우가 많다. 수많은 기업이 중국 시장에 진출해도 노하우가 축적·공유되지 않고 개별 기업들이 각개전투를 벌이고 있는 형국인 것이다. 중소기업들은 이마저도 할 여력이 없어 지인들의 경험담과 '카더라 통신'에 의지해 장님 코끼리 만지는 식으로 중국 시장에 진출했다가 낭패를 겪는 일이 비일비재하다.

중국 시장이 이미 경쟁력을 갖춘 로컬 기업과 현지화된 글로벌 기업에 의해 장악되어 있다는 점도 중국 내수시장 공략을 어렵게

하는 요인 중 하나다. 중국 내수시장은 제품·서비스 품질과 가격경쟁력을 겸비한 로컬 기업들과 개혁개방 초기부터 진출해 중국에 특화된 제품과 서비스를 만들어내는 글로벌 기업들이 버티고 있는 약육강식의 정글과도 같다. 더욱이 현재 중국은 지역별로 경제발전 수준이 달라 소비 패턴의 차별화가 뚜렷하게 나타나고 있으며, 개성이 강하고 구매력이 높은 바링허우와 주링허우의 영향력이 갈수록 커지고 있다. 따라서 중국을 세분화된 지역과 고객으로 분류하고 그에 상응하는 맞춤형 전략으로 접근하지 않으면 실패할 가능성이 매우 높다.

세계 최대 중국 온라인 시장

특히 신세대 소비층의 등장은 소비 채널의 변화와도 직결되어 있다. 이들은 번거롭게 오프라인 매장을 찾아다니며 제품을 고르기보다 다양한 브랜드를 한 번에 검색할 수 있고 가격 할인 혜택을 누릴 수 있는 온라인쇼핑을 선호한다. 중국의 온라인쇼핑 시장은 2013년에 미국을 제치고 세계 최대 시장이 되었다. 2016년에는 4.7조 위안을 기록했는데, 이는 글로벌 온라인쇼핑 시장의 절반에 가까운 규모이자 중국 전체 소매 판매의 14.2%에 이르는 수치다. 중국 온라인쇼핑 시장에서 가장 빠르게 성장하는 부문은 바로 모바일쇼핑 시장이다. 중국의 모바일쇼핑 시장 규모는 2012년 이후 연평균 140%씩 급

차이나 이노베이션

성장하며 2016년에는 3조 3,000억 위안을 기록했다. 이처럼 모바일 부문이 빠르게 성장할 수 있었던 원동력은 유선통신 인프라가 부족한 상황에서 스마트폰이 빠르게 확산되었고, 온라인쇼핑 업체들이 소비자를 유인하기 위해 큰 폭의 가격 할인 이벤트를 진행했기 때문이다. 여기에 알리페이, 위챗페이 등 온라인결제 시스템이 빠르게 정착한 것도 중요한 요인으로 작용했다.

중국 온라인(특히 모바일) 쇼핑 시장의 확대는 국내 기업들에게 기회인 동시에 도전이다. 지금까지 국내 기업에게 중국의 내수시장은 뚫기 힘든 거대한 장벽이었다. 괜찮은 제품을 중국 시장에 내놓아도 지역별로 상이한 유통망에 막혀 번번이 고배를 마셔야 했다. 이런 상황에서 온라인 혁신으로 오프라인 유통망의 경계가 허물어지면서 로컬 기업과 어느 정도 대등한 선에서 경쟁할 수 있게 된 점은 분명 플러스 요인이다. 하지만 딱 거기까지다. 중국 온라인쇼핑 시장의 경쟁은 상상을 초월할 정도로 치열하며, 알리바바나 징둥과 같은 플랫폼 업체들이 주도하는 기울어진 운동장이다. 이들 플랫폼 업체들을 통하지 않고는 제품을 팔 수 없을 만큼 이들의 시장지배력은 압도적이다. 중국에 수출하는 것이 아니라 이들 플랫폼에 수출한다는 컨셉으로 진출 전략을 짜야 한다고 말해도 과언이 아닐 정도다.

더욱이 최근 들어 중국의 온라인쇼핑 시장은 뷰티, 패션, 육아 등 카테고리별로 특화된 '버티컬 플랫폼'으로 세분화되고 있고, 그 속에서 **왕훙**이 사용자와 직접 소통하며 콘텐츠를 제공하는 형태

출처: '사무실 샤오예' 유튜브 방송 화면

최근 중국의 인기 왕훙으로 떠오르고 있는 '사무실 샤오예办公室小野, Ms. Yeah'의 방송 화면. 1인 크리에이터인 왕훙의 인기로 인해 MCN(다중채널 네트워크) 등 전문 미디어 업체들도 급성장하고 있다. '사무실 샤오예' 역시 중국의 한 MCN에서 제작한 방송 콘텐츠다.

로 진화하고 있다. 전자상거래에서부터 SNS, 공유경제에 이르기까지 플랫폼의 천국이 된 중국에서 개별 플랫폼의 특징과 핵심 고객층에 최적화한 서비스를 제공하지 않으면 살아남기 어렵다는 점을 명심해야 한다.

따라서 국내 기업들은 상품 기획에서부터 제품 판매에 이르는 전 과정을 중국 소비자의 눈높이에서 재점검할 필요가 있다. 향후 중국에서 활동하려는 소비재 기업은 중국 온라인 시장에서의 성공 여부가 기업의 성패를 결정한다는 전제하에 온라인 마케팅을 확대하고 관련 유통 채널을 강화해

왕훙网红

'왕뤄훙런网络红人'의 준말로 SNS에서 높은 인지도를 바탕으로 막강한 마케팅 파워를 갖고 있는 인터넷 스타를 지칭한다.

차이나 이노베이션

야 한다. 좀 더 구체적으로 티몰, 징둥, 웨이핀후이唯品会 등 중국의 대형 인터넷쇼핑몰 및 소셜커머스 업체들과 연계해 한국 제품을 효과적으로 중국 소비자에게 어필할 수 있는 방안을 찾아야 한다. 이 과정에서 중국 온라인 마케팅 전문 인력을 확보하는 것은 필수다. 그리고 이들이 분석한 자료를 바탕으로 중국인 현지 최고경영자가 책임과 권한을 가지고 의사결정을 내릴 수 있는 구조가 마련되어야 한다. 지금껏 상당수 국내 기업들이 중국 내수시장에 접근하는 과정에서 중국 현지 사정에 어두운 한국 본사가 결정권을 갖다 보니 잘못된 결정을 내리거나 중국 시장 변화에 신속하게 대처하지 못한 케이스가 많았다.

최고급 유아용품 찾는 중국의 신세대 부모들

중국의 내수시장을 효과적으로 공략하기 위해서는 중국인들이 필요로 하면서도 우리가 잘하는 분야에 초점을 맞춘 선택과 집중 전략이 필요하다. 공급 과잉이 만연한 중국에서 과연 부족한 게 있을까 싶겠지만 의외로 그런 분야가 많다. 중국인 관광객들이 해외에서 값비싼 명품뿐 아니라 화장품, 전기밥솥, 유아용품 등 소비재 품목을 싹쓸이하는 것이 좋은 예다. 이런 제품들이 중국에 없는 것은 아니지만 중국인들의 높아진 눈높이를 충족시킬 만한 양질의 소비재가 부족하기 때문이다. 대표적인 예로 의료산업을 꼽을 수 있다. 1978년

중국의 내수시장을 효과적으로 공략하기 위해서는
중국인들이 필요로 하면서도 우리가 잘하는 분야에
초점을 맞춘 선택과 집중 전략이 필요하다. 공급 과
잉이 만연한 중국에서 과연 부족한 게 있을까 싶겠지
만 의외로 그런 분야가 많다. 중국인 관광객들이 해
외에서 값비싼 명품뿐 아니라 화장품, 전기밥솥, 유아
용품 등 소비재 품목을 싹쓸이하는 것이 좋은 예다.

부터 2015년까지 1인당 실질 GDP는 19배, 도시 주민의 1인당 실질 의료비 지출은 40배 이상 증가했고 평균수명은 67세에서 76세로 늘어났다. 하지만 같은 기간 전문의 수는 3.1배, 병원 침상 수는 3.4배 증가하는 데 그쳤다. 여기에 긴 대기 시간과 잦은 의료사고 등을 고려하면 중국의 의료산업은 여전히 공급이 수요에 턱없이 미치지 못하는 상황이다. 중국보다 월등한 의료 기술과 서비스 수준을 지닌 한국에게 충분한 승산이 있는 게임이다.

중국의 영유아 및 교육 산업도 국내 기업에게 기회의 창을 제공할 것으로 기대된다. 중국인들의 소득수준이 높아지고 2016년 1월에 시행된 두 자녀 정책으로 영유아가 증가하면서 가파른 성장세가 예상된다. 특히 교육열이 높은 바링허우 이후 세대가 아이를 낳기 시작하면서 중국의 영유아 및 교육 시장은 양적으로나 질적으로 확연한 성장세를 보이고 있다. 특히 다양한 취향과 인터넷 정보력으로 무장한 신세대 부모들이 주력 소비층으로 등장하면서 빠르게 세분화하고 있다. 예전에는 기초적인 아동용품에 국한되었으나 이제는 엔터테인먼트·미디어부터 헬스케어에 이르기까지 유기적인 밸류 체인이 구축되고 있는 것이다. 풍부한 영유아 사업 경험과 차별화된 콘텐츠를 갖춘 한국 기업들이 공략해볼 만한 시장이다. 더욱이 중국의 높은 집값과 양육비를 고려하면 둘째 아이를 갖는 가정은 상대적으로 소득이 높은 계층에 속해 있을 가능성이 높다. 이들 계층은 가격이 비싸더라도 안전성과 품질에 대한 신뢰도가 높은 제품을 선호한다. 두 자녀 정책 시장으로 신생아 수가 늘어나면 소비자 신뢰도가 낮은 중국 로컬 기업보다 해외 수입 브랜드가 선전할 것으로 전망되는 배경이다. 실제로 2016년에 태어난 신생아 수가 전년 대비 130만 명 증가했는데 단순·저가 중심의 제품 라인업을 가진 로컬 기업의 실적은 부진했던 반면, 해외 수입 브랜드의 시장 입지는 더욱 강화되었다.

교육 산업도 마찬가지다. 맹모삼천지교의 현대판 버전인 '망자성룡望子成龙(자녀가 용이 되길 바라다)'이 유행하고 있는 중국의 교육열은 이제 한국을 뛰어넘는다. 하지만 낙후된 중국의 공교육 시스템은 이 같은 수요를 만족시키지 못하고 있다. 사교육 시장 규모가 매년 급증하고 중국 부자들이 해외 이주를 계획하는 가장 큰 이유로 자녀 교육을 꼽는 점도 공교육 시스템에 대한 불만 때문이다. 지난 몇 년간 중국 교육 시장은 영유아 교육, 외국어 학습, 입시 준비 부문 등을 중심으로 빠르게 성장하고 있다. 특히 대학 입시제도 개편과 두 자녀 정책을 계기로 입시 교육과 조기교육 시장의 성장세에 가속도가 붙을 것으로 예상된다. 영어 교육, 영유아 교육 콘텐츠 등에 강점을 갖고 있는 한국 기업들이 직접 투자나 로컬 업체와의 협력을 통해 중국 교육 시장 공략에 적극 나설 필요가 있다.

상호 원원하는 선순환 구조를 찾아야

중국의 산업구조 고도화 과정 중에서 아직까지 기술과 품질을 갖추지 못한 밸류체인을 찾아내는 것도 국내 기업들이 공략해야 하는 지점이다. 그래야 중국과 제로섬 게임이 아닌 서로 윈윈할 수 있는 새로운 분업 체계를 구축할 수 있다. 대표적인 예가 한국이 여전히 산업화 과정에서 축적된 역량을 바탕으로 기술 격차를 유지하고 있는 반도체·디스플레이 등 장비·소재 산업이다. 중국 역시 4차 산업혁명이 빠르게 진행되면서 사물인터넷과 클라우드컴퓨팅 등의 핵심 부품인 반도체 수요가 급증하고 있다. 또한 대형 TV와 프리미엄 스마트폰 출시로 고품질 디스플레이에 대한 수요도 늘어나고 있다. 하지만 중국은 아직까지 이러한 수요를 만족시킬 만한 기술력과 제조공정 노하우를 갖고 있지 못하다. 따라서 반도체·디스플레이 등은 중국이 성장하면 한국도 성장하는 선순환 구조가 여전히 유효한 부문이다.

중국 역시 제조업 업그레이드 과정에서 한국과 안정적인 밸류체인을 구축하는 것이 매우 중요하다. 실제로 사드 보복이 본격화한 2016년 하반기 이후 화장품, 음식료, 엔터테인먼트 등 소비재 업종이 큰 타격을 입는 와중에도 메모리반도체, OLED(유기발광다이오드)뿐 아니라 제조공정 자동화에 필요한 기계설비 등은 대중 수출이 지속적인 증가세를 나타냈다. 그리고 이러한 과정에서 삼성전자, LG 등 국내 대기업뿐 아니라 중소형 장비·소재 업체도 상당한 수혜를 받을 수 있다. 국내 반도체 장비 업체들 가운데에는 글로벌 선두주자인 삼성전자·SK하이닉스 등과 오랜 기간 호흡을 맞추며 반도체 제조공정과 관련된 높은 기술력과 노하우를 보유한 히든 챔피언들이 많다. 반도체 굴기를 선언한 중국 업체가 반도체 설비 투자를 늘릴수록 이들로부터 수주 물량이 증가하면서 실적도 크게 개선된다. 중국 디스플레이 업체들이 수율(생산된 제품 중 일정한 품질 수준을 통과한 제품의 비율)이 생명인 OLED나 대형 LCD에서 월등한 기술력을 보유한 국내 디스플레이 장비 업체들과 거래하려고 하는 것도 같은 이유에서다.

이 밖에도 중국발 수요 증가의 혜택을 받을 가능성이 있는 산업 및 그에 속한 중소기업들이 적지 않다. 하지만 이러한 가능성이 현실화되려면 앞서 지적한 대기업 중심의 수직계열화 구조가 반드시 해소되어야 한다. 다시 제도의 문제로 되돌아올 수밖에 없는 것이다. 국내 상당수 중소기업들은 특정 대기업과 장기 '전속계약'이라는 굴레에 갇혀 있다. 이러한 갑을 관계 속에서 대기업은 상시적으로 단가 후려치기를 하면서 부품 업체들에게 기술개발을 할 수 있는 여력을 주지 않는다. 물론 앞에서 언급한 것처럼 대기업 아래에서도 기술력과 경쟁력을 키워온 중소기업들이 있다. 하지만 이들 역시 특정 대기업이 아니면 납품을 할 수 없는 까닭에 중국 내수시장에서 제대로 된 성과를 내기 어렵다. 이런 구조가 혁신의 걸림돌이 되고 있는 것은 자명하다. 폐쇄적인 수직계열화가 중소기업뿐 아니라 대기업의 혁신에도 부정적인 영향을 미친다는 사실은 미국의 자동차 산업이나 일본·독일의 제조업 사례에서도 잘 나타난다. 비대해진 대기업은 조직을 슬림화하고 지배구조 재편에 나서야 한다. 당장의 이익에 눈이 멀어 혁신의 원천인 중소기업을 옥죄는 관행을 고치지 않고서는 국내 기업들이 중국 시장뿐 아니라 글로벌 시장에서 살아남기 힘들다. 중소기업 역시 대기업에 의존된 매출 구조에서 벗어나 적극적인 기술개발과 다양한 판로 개척에 나서야 한다. 글로벌 업체 간 무한경쟁으로 대기업마저 생존을 장담할 수 없는 상황에서 중소기업이 살아남을 수 있는 길은 이것밖에 없다.

모방에서 주도로, 중국발 혁신 세계를 앞지르다

차이나 이노베이션

초판 1쇄 발행 2018년 1월 12일

지은이 윤재웅
펴낸이 성의현
펴낸곳 미래의창

책임편집 김동화
디자인 공미향

등록 제10-1962호(2000년 5월 3일)
주소 서울시 마포구 잔다리로 62-1 미래의창빌딩(서교동 376-15, 5층)
전화 02-338-6061(편집), 02-338-5175(영업) **팩스** 02-338-5140
ISBN 978-89-5989-493-2 03320

※ 책값은 뒤표지에 있습니다. 잘못된 책은 바꿔드립니다.

이 도서의 국립중앙도서관 출판예정도서목록(CIP)은 서지정보유통지원시스템 홈페이지(http://seoji.nl.go.kr)와
국가자료공동목록시스템(http://www.nl.go.kr/kolisnet)에서 이용하실 수 있습니다.(CIP제어번호: 2017034003)

미래의창은 여러분의 소중한 원고를 기다리고 있습니다. 원고 투고는 미래의창 블로그와 이메일을
이용해주세요. 책을 통해 여러분의 소중한 생각을 많은 사람들과 나누시기 바랍니다.
블로그 www.miraebook.co.kr 이메일 miraebookjoa@naver.com